O REIKI E A MEDICINA TRADICIONAL

Oliver Klatt
Norbert Lindner

O REIKI E A MEDICINA TRADICIONAL

COMO A MEDICINA ENERGÉTICA E A MEDICINA CLÁSSICA SE COMPLETAM

Tradução:
ZILDA HUTCHINSON SCHILD SILVA

Editora Pensamento
SÃO PAULO

Título original: *Reiki und Schulmedizin*.

Dados Internacionais de Catalogação na Publicação (CIP)
(Câmara Brasileira do Livro, SP, Brasil)

Klatt, Oliver
O Reiki e a medicina tradicional : como a medicina energética e a medicina clássica se completam / Oliver Klatt, Norbert Lindner ; tradução Zilda Hutchinson Schild Silva. -- São Paulo : Pensamento, 2009.

Título original: Reiki und Schulmedizin.
ISBN 978-85-315-1582-8

1. Reiki (Sistema de cura) I. Lindner, Norbert. II. Título.

09-04937 CDD-615.852

Índices para catálogo sistemático:

1. Reiki : Sistema Usui de cura natural 615.852

O primeiro número à esquerda indica a edição, ou reedição, desta obra. A primeira dezena à direita indica o ano em que esta edição, ou reedição, foi publicada.

Edição	Ano
1-2-3-4-5-6-7-8-9-10-11	09-10-11-12-13-14-15

Direitos de tradução para o Brasil
adquiridos com exclusividade pela
EDITORA PENSAMENTO-CULTRIX LTDA.
Rua Dr. Mário Vicente, 368 — 04270-000 — São Paulo, SP
Fone: 2066-9000 — Fax: 2066-9008
E-mail: pensamento@cultrix.com.br
http://www.pensamento-cultrix.com.br
que se reserva a propriedade literária desta tradução.

Sumário

Prefácio

Pelo *prof. Fritz Wallner*

Na sociedade moderna curar tornou-se uma profissão, mas, na verdade, é uma atividade elementar humana. Na escala de inter-relacionamentos humanos seu lugar fica entre o encontro humano direto com o amor e o ódio e as estruturas refletidas pela ação e vida humanas, como são oferecidas pelas religiões. Mas, na base da cura há outras experiências além daquelas em que as religiões se baseiam. As experiências da cura estão ligadas em grande medida com a natureza e, por esse motivo, também implicam, a partir de si mesmas, a necessidade de uma explicação mais abrangente da natureza. Essas explicações são transmitidas pelos grandes sistemas de medicina da humanidade. Podemos falar de medicina a partir do momento em que curar se baseie e compreenda um sistema de explicações. A princípio isso parece ser um progresso, mas não é, sob todos os pontos de vista.

Os maiores e mais influentes sistemas de medicina da atualidade são a medicina tradicional ocidental e a medicina tradicional chinesa. Ambos são incompatíveis, isto é, não se fundem. Eles apresentam as possibilidades básicas de pensamento da humanidade no que se refere à cura e à medicina. Naturalmente, temos consciência de que ao lado deles existe uma série de outros sistemas interessantes e significativos de medicina. No entanto, aqui vamos usar como ponto de partida os dois assim chamados paradigmas, para obtermos uma compreensão adequada do Reiki.

A medicina tradicional é caracterizada pela utilização da medicina europeia que se praticava até o evento das ciências físicas e naturais. Essa mudança tem cerca de duzentos anos em comparação com a maioria dos sistemas de medicina de data mais recente. Através da adesão às ciências físicas e naturais, a medicina tradicional naturalmente assumiu todas as vantagens e desvantagens das mesmas. As vantagens dizem respeito às intervenções objetivas racionais discutíveis nos processos da natureza. Sem dúvida, associadas a essas vantagens notórias estão também desvantagens graves: a natureza é instrumentalizada; sua independência fica em grande parte incompreendida; ela é deixada à reflexão não científica da medicina tradicional.

O preço, pelo qual se compra a disponibilidade da natureza, não é barato. Isso fica claro para nós quando nos tornamos conscientes das condições das ciências físicas e naturais europeias, que também se tornaram as condições da medicina tradicional. Essas condições em parte estão no conceito da experiência e, de agora em diante, são as únicas reconhecidas como admissíveis, bem como o tipo de pensamento que se exige aqui.

A experiência só vale como científica quando a subjetividade se funde com o todo, e o observador humano pode ser substituído, principalmente, por uma máquina. Aqui vemos com toda a nitidez como esse modo de agir está longe da ideia de curar; fica claro o quanto temos de renunciar para comprar a ciência.

Um outro mandamento básico das ciências físicas e naturais europeias é o pensamento linear. Como aqui só é realmente reconhecido o que pode se tornar um objeto e como toda forma de autorreflexão tem de ser excluída, fica de fora tudo aquilo que ligamos ao espírito ou à alma.

Quem compreende essa estrutura condicional, não se admira mais do fato de a psicossomática ser um terreno tão extremamente difícil para os médicos tradicionais. Sua dificuldade não é "dada pela natureza", mas trata-se de uma consequência da estrutura científica da medicina tradicional, uma construção do método.

Naturalmente temos conhecimento de que um bom médico está em condições de libertar-se das amarras da sua ciência de caso para caso; no entanto, nessa situação, ele se entrega à incerteza de uma existência dupla. Uma parte do seu eu profissional está tomada pela medicina tradicional, a outra parte está aberta para outro tipo de pensamento médico. Eis aí a oportunidade e o significado do presente livro.

Para eliminar outros obstáculos à compreensão e possíveis mal-entendidos, devemos então observar também a medicina tradicional chinesa. Ela é totalmente diferente da medicina tradicional, mas em sua reivindicação ao caráter científico – como atualmente se vê cada vez mais – também obtém o mesmo sucesso que a medicina tradicional. Ela consegue preservar a independência da natureza e, no entanto, intervir nos processos naturais por meio da cura. Isso parece estar em contradição com o pensamento europeu, porque o nosso pensamento está pouco familiarizado com as possibilidades do método circular. O método circular, por assim dizer, permite observar os processos da natureza. Desse modo, "a doença" perde o *status* de uma essência objetiva – como desfruta na medicina tradicional – e se torna característica de um sistema. Por esse motivo, a doença tampouco deve ser tratada no contexto de "causa e efeito", mas desaparece com as correções no sistema. A separação de corpo, alma ou espírito nessa correlação não só é desnecessária, mas também incompreensível e, por isso, mostra ser uma construção do pensamento europeu.

É claro que neste confronto o Reiki está do lado da medicina tradicional chinesa, embora, sem esse confronto, não adotássemos essa coordenação. Contudo, esse breve recurso à medicina tradicional chinesa foi necessário para evitar que subestimássemos as diferenças estruturais entre a medicina tradicional e o Reiki. De acordo com isso, poderíamos pensar que o Reiki representa um complemento da medicina tradicional, pois o conceito de energia também está muito bem ancorado nas ciências físicas e naturais europeias.

Mas, para uma prévia compreensão adequada do Reiki, é importante que tanto o agente de cura como o paciente estejam cientes de uma outra dimensão de cura, isto é, atingir a dimensão original conforme a história da humanidade. O conceito "energia" está enraizado na pressuposta estrutura da ciência ocidental e, por isso, facilmente dá margem a mal-entendidos, quando o usamos irrefletidamente. Deve ficar claro para nós que essa referência à "energia vital universal" só representa uma ajuda compreensível para algo que escapou totalmente à compreensão dos homens modernos. O mesmo vale – diga-se de passagem – para o uso desse conceito no contexto da medicina chinesa. Por isso é adequado falar aqui, em primeiro lugar, de uma compreensão prévia; uma compreensão que depois de intensivas pesquisas trará resultados no futuro.

Para demonstrar que não me movimento aqui no contexto das descobertas filosóficas de ponta, refiro-me aos resultados das mais recentes pesquisas no campo da acupuntura. De acordo com elas, a teoria da acupuntura torna-se incompreensível se a integrarmos na medicina europeia – pelo efeito indiscutível de sua utilização. Também em relação à acupuntura, bem como a toda a medicina chinesa, temos de buscar um entendimento de "energia" que se perdeu totalmente na ciência moderna.

O que dissemos por último não deve ser erroneamente entendido como limitador ou com resignação, mas se baseia nos resultados das pesquisas teóricas científicas das últimas décadas. No correr da aplicação de metodologias construtivas realistas da reflexão científica ficou fácil compreender que diferentes culturas desenvolveram sistemas científicos independentes um do outro, que não se fundem. Com isso também podemos mostrar – o que muitos médicos conhecem de sua prática – que a medicina tradicional só leva a resultados verdadeiros no contexto dos pressupostos das ciências físicas e naturais europeias. Um confronto da medicina tradicional com a "medicina étnica" leva por isso à falsificação. Ele conduz o pensamento e a ação do agente de cura na direção falsa e, com isso, põe em risco o seu sucesso.

Finalmente, o que demonstramos aqui deve chamar a nossa atenção para dois pontos essenciais:

1. A entrada num sistema de medicina não europeu precisa de um acompanhamento cuidadoso, para não escancarar as portas para a charlatanice. Portanto, essa entrada deve ser entendida como a tentativa de passar a outra cultura, a fim de encontrar e usar uma dimensão de cura perdida no atual mundo ocidental.

2. A ativação das forças de autocura não é mística, mas totalmente compreensível quando não nos entregamos à limitada racionalidade da origem ocidental. A ruptura criativa da racionalidade europeia somente pode dar certo através da ousadia de se entregar a outra cultura. Isso vale para todos os âmbitos do pensamento e da ação humanos, mas especialmente para o da medicina. O livro em suas mãos oferece boa ajuda para isso.

Por isso, no interesse da abertura e da continuação do desenvolvimento do nosso pensamento, desejo muito sucesso a este livro. Ao leitor, desejo um exame dos múltiplos caminhos do pensamento humano e, com isso, também da cura.

Fritz Wallner

Prefácio dos autores

O Sistema Usui de Reiki faz parte de um dos mais populares métodos de cura na Alemanha e no mundo. Milhões de pessoas praticam o Reiki, tratam com êxito de si mesmas e das outras pessoas com a energia vital universal. E muitas pessoas se deixam tratar com o Reiki. Como mostram as pesquisas de opinião, três quartos da população alemã já fizeram experiências com métodos de cura natural.

Com este livro queremos contribuir para que cada vez mais médicos e terapeutas adotem procedimentos naturais de cura e adotem um modelo de trabalho conjunto, como, por exemplo, este que é apresentado neste livro. Por experiência própria, sabemos que dessa colaboração resulta uma porção de efeitos sinergéticos para todos os participantes – e, não menos importante, para aquelas pessoas que precisam e buscam ajuda para sua saúde.

Também queremos dar uma contribuição para aumentar a plataforma da ciência, isto é, a lida com os processos naturais de cura no âmbito científico. Estamos convencidos de que, no futuro, com essa base será possível usar melhor ainda os potenciais existentes no campo da medicina para o bem de todos.

Para apoiar instituições como hospitais, consultórios médicos, clínicas para idosos, creches e academias que querem integrar o Reiki à sua oferta terapêutica, com prazer oferecemos professores de Reiki e agentes de cura qualificados que gostariam de exercer as correspondentes atividades. Informações sobre o projeto "Reiki e a medicina tradicional" são encontrados no Apêndice do livro.

Agradecemos a todos que colaboraram, especialmente ao professor e doutor em Medicina, Günter Gunia e a Jürgen Kindler pelos numerosos e importantes incentivos ao processo de elaboração deste livro, bem como às nossas esposas, Heidrun e Susanne, pelo constante apoio que nos deram em nosso trabalho.

Oliver Klatt e Norbert Lindner

O REIKI E A MEDICINA TRADICIONAL

CAPÍTULO 1

Medicina – terapêutica ou ciência?

O que vale a pena saber sobre as profissões de cura na Alemanha e como lidar com a doença e a saúde

Por *Oliver Klatt*

"O melhor remédio para os seres humanos é o ser humano.
O mais elevado motivo desse remédio é o amor."

PARACELSO

O fenômeno doença é mais antigo do que a própria humanidade. Já nos fósseis dos dinossauros, que viveram há cerca de 200 milhões de anos, encontramos indícios de tumores, cáries e outras doenças. No restante decurso da história da Terra o homem entrou em cena, e ele logo teve também de lidar com as doenças.

Se uma pessoa está doente, ela mesma procura se ajudar, ou procura uma pessoa que lhe pareça competente para ajudá-la. Quando se trata de um sofrimento menor, talvez a ingestão de alguns medicamentos e um pouco de calma ou de sono sejam suficientes. Se a pressão do sofrimento for maior e a dor não puder ser eliminada por esforço próprio, indica-se uma consulta ao médico ou ao terapeuta.

Além disso, o indivíduo pode contribuir para a superação do seu sofrimento. Assim sendo, por exemplo, ele pode aprender métodos de cura natural, como o Reiki, para autotratamento. Com o autotratamento regular, por exemplo com o Reiki, com frequência acontece uma maior conscientização dos inter-relacionamentos entre doença e saúde. Assim, uma pessoa que também possa chamar a atenção das outras para os aspectos mais importantes da saúde, como por exemplo uma alimentação saudável, a longo prazo isso levará a um estado mais estável de saúde.

O campo da medicina

"A medicina (do latim: *ars medicina*, 'arte médica'; também 'terapêutica') se ocupa com a saúde, com a prevenção, reconhecimento e tratamento de doenças e ferimentos, bem como com a concepção, a gravidez, o parto e a morte."[1]

O campo aqui descrito se situa, juntamente com o da religião, entre os mais básicos e abrangentes âmbitos da existência humana. Assim, não é de admirar que na medicina, bem como na religião, diferentes opiniões sejam representadas com veemência, confrontando-se mutuamente.

No século XVI o doutor Paracelso já escrevia que "o médico não só aprende e experimenta tudo o que pode e deve saber nas escolas superiores, mas deve também frequentar às vezes a escola de velhos leigos, ciganos, magos negros, condutores, velhos camponeses e outras pessoas desconsideradas (isto é, às quais não se presta atenção) e aprender com elas, pois elas têm mais conhecimento sobre essas coisas do que todas as escolas superiores".[2]

Somente no século XIX as ciências físicas e naturais se estabeleceram como modo de pensar básico dentro da medicina, e isso porque elas oferecem conhecimentos e podem objetivar sucessos verdadeiros. Hoje, a medicina tradicional, ao lado da influência básica das ciências físicas e naturais, é determinada pelo desenvolvimento da filosofia, psicologia e sociologia.

---

1. Citação de: http://de.wikipedia.org/wiki/Medizin (data: 30/1/2006).
2. Citação de Böhme, Gernot: "Alternative Formen des Wissens im Bereich der Medizin" em F.-E. Brock (org.), *Handbuch der Naturheilkundlichen Medizin*, Landsberg 1998, 1-2, p. 1.

Em seu artigo "*Alternative Formen des Wissens im Bereich der Medizin*" [Formas Alternativas de Conhecimento no Campo da Medicina] o prof. dr. Gernot Böhme chama a atenção para o fato de que o cenário médico no início do século XIX era "um campo colorido ao qual faltava toda uniformidade". "Além dos médicos acadêmicos ainda havia os médicos militares, cirurgiões de primeira e segunda classe, barbeiros, parteiras – isto é, parteiras que trabalhavam independentemente – e ainda havia algo como médicos de família, mulheres sábias, todos os tipos possíveis de agentes de cura e charlatães. A doença também era um fenômeno altamente indefinível, justamente porque não havia necessidade social de uma definição, e o modo de buscar ajuda em caso de sofrimento era amplamente aberto. Somente no século XIX a imagem médica foi estritamente reorganizada. Com o domínio do conhecimento das ciências físicas e naturais, ao mesmo tempo foram hierarquizadas as profissões médicas, de modo que o médico academicamente formado tinha a prioridade absoluta com relação ao diagnóstico e às decisões sobre as aplicações; em alguns países até mesmo o direito exclusivo de fazer isso. Todos os terapeutas e profissionais de cura que não se submetessem a essa hierarquia eram excluídos sumariamente e com violência pelo Estado. Ao mesmo tempo, a necessidade de ajuda no âmbito da doença e da saúde foi organizada minuciosamente e transformada em um empreendimento, justamente como o sistema de segurança, os hospitais, os sanatórios e a indústria farmacêutica."[3]

Exige-se nova abertura

Dentro de um espaço de "apenas" 200 anos, provocado por numerosos sucessos nos diversos campos médicos, chegou-se ao domínio do pensamento das ciências físicas e naturais na medicina e, com isso, ao "desenvolvimento da medicina como um sistema".[4]

3. Ver nota 2.
4. Ver nota 2, p. 2.

De acordo com o prof. dr. Böhme, se no início do século XIX a "política social, que levou ao predomínio absoluto do médico acadêmico, podia ser justificada pelo fato de se desejar salvar o paciente dos charlatães, diante das consequências negativas para a medicina científica natural e para a farmácia, hoje se recomenda muita reserva".[5] Hoje muito mais se exige "uma nova abertura e uma nova humildade do médico academicamente formado".[6]

Compreensão e colaboração

"Medicina tradicional e medicina complementar – a compreensão e a colaboração mútuas precisam ser aprofundadas" diz o título de um artigo no *Deutschen Ärzteblatt* [Folha Médica Alemã]. Ali os autores constataram que "a relação entre medicina tradicional e os conceitos da medicina alternativa – aqui resumidamente designados como medicina complementar – (...) estão há muito tempo impregnados pela desconfiança mútua, pela delimitação, por rejeição parcial no sistema de saúde alemão".[7] Enquanto nas faculdades de medicina era ensinada e usada quase exclusivamente a medicina tradicional, nos amplos âmbitos dos cuidados médicos ambulantes, ao contrário, era disseminado o uso da medicina complementar. Na ação de adotar a medicina complementar, da parte dos pacientes tratava-se, sobretudo, das diferenças de interpretação conceitual no que se referia à doença e à cura. Assim, por exemplo, critica-se uma consideração insuficiente dos fatores psíquicos na medicina tradicional.

Além disso, afirma-se: "Observa-se em muitas sociedades industriais ocidentais um aumento da procura, por parte dos pacientes, da

5. Ver nota 2, p. 5.

6. Ver nota 2.

7. Willich, Stefan N./ Girke, Matthias/ Hoppe, Jörg-Dietrich/ Kiene, Helmut/ Klitzsch, Wolfgang/ Matthiessen, Peter F./ Meister, Peter/ Ollenschläger, Günter/Heimpel, Hermann: "Schulmedizin und Komplementärmedizin. Verständnis und Zusammenarbeit müssen vertieft werden" [Medicina tradicional e medicina complementar. A compreensão e a colaboração têm de ser aprofundadas] em: *Deutsches Ärzteblatt*, ano 101, caderno 19, 7 de maio de 2004, A 1314.

medicina complementar. (...) Mais de 40 por cento de todos os pacientes nos Estados Unidos usam métodos terapêuticos alternativos, e o número das visitas de pacientes aos médicos da medicina complementar, respectivamente aos agentes de cura, já supera o das consultas aos médicos tradicionais. Na Alemanha, há poucos dados dignos de confiança: no entanto, a procura deve ser no mínimo igualmente alta. (...) Em geral, consta que exatamente três quartos de todos os alemães já fizeram experiências com os procedimentos das curas naturais".[8]

Os autores do artigo revelam que no outono de 2000, por estímulo do presidente da câmara alemã dos médicos, prof. dr. Jörg-Dietrich Hoppe, foi formado um grupo de trabalho com o objetivo de introduzir um diálogo entre os representantes de diferentes direções terapêuticas e assim contribuir para uma integração eficaz das diferentes escolas terapêuticas, fazendo justiça aos pacientes. Esse grupo de trabalho tem o nome de "*Dialogforum Pluralismus in der Medizin*" [Foro de Diálogos do Pluralismo na Medicina].

Diferentes campos da medicina

No debate sobre a situação atual da medicina encontram-se sempre conceitos com que são designados determinados campos da medicina como, por exemplo, medicina tradicional, medicina complementar ou medicina alternativa. Estes e outros conceitos serão explicados brevemente aqui, em parte com a ajuda de citações tiradas da literatura especializada.

Medicina tradicional – "Como medicina tradicional (...) designa-se atualmente os modos de pensar e de agir que correspondem à estrutura de ensino da medicina humana, que são altamente desenvolvidos e pesquisados nas universidades dos países ocidentais. (...) A redução ao conceito de medicina naturalista não é admissível. Embora os pro-

8. Ver nota 7, A 1316.

gressos no diagnóstico e na terapia nos meados do século XIX se baseassem essencialmente na ligação entre as ciências naturais exatas e a experiência clínica, a medicina tradicional atual é essencialmente determinada pelo desenvolvimento da filosofia, da psicologia e da sociologia."[9] "Na medicina tradicional não existe um conceito de cura uniforme. Enquanto há 30 anos a eliminação de desvios biológicos em geral (por exemplo, a soldadura de um osso quebrado, (...) a remoção de um tumor cancerígeno) eram contemplados como definição de cura, hoje a normalização da qualidade de vida ou expectativa de vida (...) se impuseram como definição de cura."[10] "Os pontos fortes da medicina tradicional consistem, entre outros, no diagnóstico e tratamento de doenças agudas e ferimentos, na intervenção cirúrgica, bem como nas muitas formas de terapia medicamentosa."[11]

Medicina complementar – Sob esse conceito reúne-se "um grande número de proposições teóricas e práticas diferentes, cuja característica comum é que não são contadas na medicina convencional científica estabelecida (...)".[12] Uma característica dos métodos da medicina complementar é que a cura "não se resume a um minúsculo grau de manifestação de regressão da doença e, com isso, a um período de saúde anterior, mas também significa um aprendizado na doença e com a doença."[13] Literalmente, o conceito "medicina complementar" significa "medicina totalizadora". Com isso ela representa o pensamento de que os métodos atribuídos a esse campo de fato devem ser usados para complementar a medicina tradicional. Especiais pontos

9. Ver nota 7.
10. Ver nota 7, A 1316-1317.
11. Citação de: http://de.wikipedia.org/wiki/Schulmedizin (data: 12/4/2005).
12. Willich, Stefan N./ Girke, Mattthias/ Hoppe, Jörg-Dietrich/ Kiene, Helmut/ Klitzsch,Wolfgang/ Mathiessen, Peter F./ Meister, Peter/ Ollenschläger, Günter/ Heimpel, Hernann: "Schulmedizin und KomplementärmedizinVerständnis und Zusammenarbeit müsen vertieft werden" em: *Deutsches Ärzteblatt*, ano 101, caderno 19, 7 de maio de 2004, A 1317.
13. Ver nota 12.

fortes desses métodos e sistemas (por exemplo, a medicina tradicional chinesa, a medicina antroposófica, a medicina tibetana, o Ayurveda) consistem na prevenção e no tratamento de doenças crônicas, e principalmente na consideração aos aspectos psicossomáticos.

Medicina alternativa – O conceito de medicina alternativa constitui outra designação para os métodos já sintetizados sob o conceito de medicina complementar, cuja característica comum é não se incluírem entre os métodos convencionais da medicina científica estabelecida. Em contraposição ao conceito de medicina complementar, o conceito de medicina alternativa traz a ideia de que os métodos atribuídos a esse campo essencialmente não totalizam (ou complementam) outros, mas são utilizados muito mais por escolha (alternativa), portanto, podem também ser usados em lugar dos métodos da medicina tradicional.

Medicina integral – Esse conceito é outra designação para os métodos sintetizados sob o conceito de medicina complementar que não se podem contar entre os da medicina convencional. O conceito medicina integral contém o pressuposto de que uma doença está baseada numa variedade de aspectos, que se estabeleceram em diferentes âmbitos da vida de uma pessoa, e que é necessária uma consideração abrangente de todos esses aspectos e âmbitos para tratar a doença com sucesso. Assim, por exemplo, a medicina ayurvédica (de Ayurveda = "Veda das Fórmulas"), que é considerada a mais antiga terapêutica da humanidade, cuida de âmbitos tão diferentes como o diagnóstico de doenças, a utilização de plantas curativas, de pedras preciosas, cores, óleos, afrodisíacos, massagens e curas purificadoras para a prevenção e tratamento das doenças, o conhecimento de uma alimentação saudável, a higiene diária, uma direção de vida em geral sábia, bem como a prática do yoga e da meditação.

Medicina integrada – Esse conceito se refere ao espectro de métodos médicos em sua totalidade, portanto, os da medicina tradicional, bem como os métodos da medicina complementar. O conceito medicina integrada coloca o foco numa integração de todos os métodos que no caso individual parecem eficazes, livres de qualquer ideologia. A palavra integração vem do latim e significa "restabelecimento de um todo".

Medicina natural – "A medicina natural (...) é uma disciplina da medicina, na verdade, uma precursora da medicina atual. Ela descreve formas de tratamento que são predominantemente tradicionais e conhecidas não apenas a partir do predomínio da medicina orientada pelas ciências físicas e naturais. Em primeiro plano está o tratamento com ervas medicinais, também chamado fitoterapia. Paralelamente, representam um importante papel os usos físicos. Especialmente conhecidas são as aplicações do Kneipp, as medidas dietéticas e aquelas para a melhoria da organização da vida. Em sentido mais amplo, a acupuntura e a homeopatia fazem parte da medicina natural. A medicina natural é a mais antiga forma de medicina. Na idade da pedra os homens já conheciam o efeito curativo de diversas ervas. Na Grécia antiga os primeiros médicos mencionados por escrito, a praticavam e ensinavam; muito antes o faziam os druidas e xamãs."[14] Na Idade Média, a medicina natural era, por um lado, cultivada nos mosteiros; por outro, havia as mulheres que cultivavam ervas, ou seja, as curandeiras, que preservavam o conhecimento das plantas curativas no mundo.

Medical Wellness [Bem-estar na medicina] – "*Wellness* descreve em seu significado original um conceito fundamentado na estimulação da saúde nos anos de 1950 nos Estados Unidos, que foi desenvolvido pelo médico social Halbert L. Dunn. O conceito, que apresentava grandes semelhanças com os modelos estimuladores da saúde, tem como objetivo um '*high level wellness*' [alto nível de bem-estar] para todos, sejam jovens ou idosos. Especialmente nos últimos anos o conceito de *wellness* na Alemanha também foi associado aos mais diferentes produtos e serviços. A mais recente criação do termo *medical wellness* tenta devolver a seriedade através de um direcionamento médico ao conceito."[15]

---

14. Citação de: http://de.wikipedia.org/wiki/Naturheilkunde (data: 31/1/06).
15. De uma brochura informativa sobre o livro *Medical Wellness*, de Kirsten Hermes, dr. Rüdiger Martienss Verlag, Schwarzenbek, 2005.

Medicina energética e de informação – Nesse âmbito da medicina, também conhecido sob o conceito inglês de *energy medicine*, trata-se de "métodos de diagnóstico e terapia que, por meio de sistemas de regulação eletromagnética cibernética do organismo, atuam controlando os campos eletromagnéticos muito sutis do próprio corpo ou outros campos superpostos. Esses métodos representam uma combinação da sabedoria antiquíssima de sistemas filosóficos orientais e da eletrônica *high tech* mais recente; além disso, eles têm enquadramento natural científico a partir da apresentação dos mais novos modelos biofísicos".[16]

A medicina energética e de informação "une um grande potencial médico com a manipulação leve: adotando outros sistemas médicos complementares ela em parte é compatível com a medicina teórica e apresenta um desafio técnico. (...) O povo em geral, no entanto – embora isso ocorra também entre os médicos –, quase não sabe que essa medicina energética e de informação está em grande parte assentada sobre solo físico firme: não no da física clássica de Newton, mas no da mais recente ciência física e natural, que está ligada a nomes como Einstein, Prigogyne, Norbert Wiener e toda a escola da física quântica. Assim, por exemplo, o seu efeito pode ser explicado tanto pelos modelos da cibernética e da teoria sistêmica como também pela pesquisa do caos; ela se baseia na teoria dos campos eletromagnéticos, na teoria dos biofótons, e igualmente na da mecânica quântica (...)".[17]

A reintegração do espiritual

Como afirma o escritor e cientista Marco Bischof, "na história da filosofia natural europeia, na biologia e na medicina, dos gregos antigos

16. Do prof. dr. Hendrik Treugut: "O que é medicina energética e informativa. Uma determinação de posição", *download* no website da Sociedade Alemã para Medicina Energética e Informativa e.V. (DGEIM) disponível em www.dgeim.de/ Stichwort:Publicationen.
17. Ver nota 16.

até o romantismo do início do século XIX, conceitos de campos sutis como 'pneuma', 'éter', 'fluido nervoso' e 'magnetismo animal' representaram um papel deveras importante. Da mesma forma, o conceito de um 'éter' que preenchia o espaço representou até 1900 a base de toda a física clássica. No entanto, esses conceitos se distanciaram cada vez mais de sua origem sutil e se tornaram cada vez mais materiais e mecânicos, até que, finalmente e por esse motivo, levaram a contradições de peso, a ponto de não serem mais úteis e se desistir deles. Por outro lado, a naturalidade da ciência moderna, surgiu justamente da luta contra os conceitos originais, ainda genuinamente sutis da energia vital. Por isso, mesmo a recusa dessas ideias que cunham amplamente a postura da ciência natural se torna compreensível." [18]

Assim, para nos dias de hoje "unir outra vez a medicina com a espiritualidade", assim clama a filósofa e publicitária Jutta Gruber, é necessário abandonar uma "visão unilateral fixada na racionalidade". Essa visão surgiu no decurso do esclarecimento e somente conseguiu ver a religação da medicina com a espiritualidade "como um retrocesso do pensamento pré-científico. Mas a separação unilateral aconteceu por uma boa razão: ela levou essencialmente à libertação dos seres humanos. Mas a espiritualidade foi arremessada fora com a água do banho, e, apesar do grande valor que desde então atribuímos à independência individual, infelizmente tanto hoje como no passado realmente não é dada ao indivíduo nenhuma força de julgamento verdadeiramente pessoal. Em outras palavras: O primeiro esclarecimento precisa ser completo, e o segundo esclarecimento precisa reintegrar outra vez o que foi injustamente eliminado." [19]

---

18. Bischof, Marco, "Was ist Feinstofflichkeit?" [O que é matéria sutil?] em KGS Berlim, 2/2005, p.20.
19. Gruber, Jutta: "Heilung in Zeiten integraler Kultur" [Cura em tempos de cultura integral] em KursKontakte, 129, out./nov./2003, pp. 18s.

O juramento de Hipócrates

Nas discussões em torno da medicina muitas vezes o assunto é o "juramento de Hipócrates". No entanto, quase ninguém conhece o texto completo desse juramento. Num comentário médico histórico o dr. Axel W. Bauer, descreve o juramento de Hipócrates como "um documento da história da medicina ligado à época de seu surgimento, por volta de 400 a.C. (...) O juramento oferecia diretrizes normativas, pragmaticamente motivadas para a formação médica, o relacionamento entre médico e paciente, a profissão médica e sua estratégia de ação. O médico dos gregos antigos precisava dessas diretrizes para atuar com sucesso em sua profissão e poder sobreviver financeiramente".[20]

Eis aqui uma tradução alemã do juramento de Hipócrates:

"Eu juro por Apolo, o médico, e por Esculápio, Higeia e Panaceia, bem como por invocação de todos os deuses e deusas como testemunhas, que eu, com todas as minhas forças e de acordo com meu julgamento, cumprirei este juramento e este contrato:

Colocarei aqueles que me ensinaram esta arte no mesmo patamar dos meus pais e dividirei com eles a minha vida; caso seja necessário, eu os sustentarei. Respeitarei seus descendentes masculinos como meus irmãos e lhes ensinarei essa arte sem cobrar honorários e sem exibição, se quiserem aprendê-la. Com aulas, palestras e todos os demais aspectos da formação cuidarei dos meus próprios filhos, dos filhos dos meus mestres e daqueles alunos que assinaram o contrato e fizeram o juramento segundo o costume médico, mas de ninguém mais.

Empregarei as medidas dietéticas com todas as forças e de acordo com meu julgamento para o bem dos doentes. Mas excluirei danos e injustiças.

Não darei a ninguém, nem mesmo a pedidos expressos, um medicamento mortal, e tampouco darei um conselho semelhante; da

---

20. Comentário médico histórico sobre o juramento de Hipócrates do prof. dr. Axel W. Bauer, citação de http://www.med.uni-hd.de/igm/g47/bauerhip.htm (data: 30/1/2006).

mesma forma, não fornecerei nenhum medicamento abortivo a nenhuma mulher.

Em bom som e cientificamente preservarei minha vida e minha arte.

Em nenhum caso operarei doentes com pedras na bexiga, mas cederei lugar aos cirurgiões que tenham experiência.

Em quantas casas eu entrar eu o farei para o bem dos doentes e ficarei intencionalmente distante de toda injustiça e outras imoralidades, também de atividades sexuais com homens e mulheres, tanto livres quanto escravos.

Sobretudo, o que eu vir ou ouvir durante ou fora do tratamento sobre a vida das pessoas, e que não se deve divulgar, eu silenciarei e manterei secreto.

Se eu cumprir este meu juramento e não quebrá-lo, que eu goze a minha vida e a minha arte, fique famoso para sempre entre os homens; mas se eu o infringir e cometer perjúrio, que aconteça o oposto disso."[21]

Em seu comentário sobre o juramento de Hipócrates, o Prof. Bauer aborda os pontos mencionados com detalhes e dá um grande número de sugestões esclarecedoras. Ele encerra com a constatação: "Esse juramento só podia ser significativo e eficaz se as máximas éticas não estivessem em contradição com aquelas exigências práticas que o médico bom cumpridor do seu dever tem de levar em consideração no interesse próprio. Os deveres tradicionais só podem ser cumpridos quando as exigências justas de todos os implicados (mestre, aluno, médico, paciente, sociedade) estiverem em um equilíbrio justo, prag-

21. Tradução alemã do prof. dr. Axel W. Bauer, citação de http://www.med.uni-hd.de/igm/g47/bauerhip.htm (data: 30/1/2006) com amável permissão do autor.

maticamente fundamentado. Esse equilíbrio bem-sucedido surge como o verdadeiro desempenho historicamente digno de nota do juramento de Hipócrates. Como diretriz normativa diretamente válida para a ação concreta do médico moderno no contexto científico e social do presente ele não serve mais; a História não nos livra da responsabilidade pela nossa própria época."[22]

O voto de Genebra

Atualmente os médicos principiantes não estão mais obrigados ao juramento de Hipócrates. Todo médico que é aprovado na Alemanha, no entanto, pela sua filiação a uma das câmaras médicas está sujeito à momentânea ordem profissional. Um desses deveres profissionais é, entre outros, o voto de Genebra, "uma versão modernizada do antigo juramento, que em sua ambígua generalidade é um digno sucessor do juramento de Hipócrates, como julga o médico histórico Karl-Heinz Leven".[23]

O "voto de Genebra" foi formulado em 1948 pela Liga Mundial de Médicos, em Genebra, e consiste, desde 1950, com pequenas modificações, no preâmbulo para a organização profissional das câmaras de médicos isoladas da Alemanha. Ele também é designado de "*Serment d'Hippocrate, Formule de Genève*" (Juramento de Hipócrates, Formulação de Genebra).

Eis aqui o texto em sentido literal do "voto de Genebra":

"No momento do início da minha profissão médica eu me comprometo solenemente a dedicar minha vida a serviço da humanidade.
Darei aos meus professores a devida atenção e gratidão.
Exercerei minha profissão com consciência e dignidade.

---

22. Comentário médico histórico sobre o juramento de Hipócrates pelo prof. dr. Axel W. Bauer, ver nota 21.
23. Citação de: http://www.zeit.de/archiv/2000/27/200027.stimmts_hippokra.xml (data: 1/2/2006), "Ärzte werden auf den Eid des Hippokrates verpflichtet – Stimmt's?" [Médicos estão obrigados ao juramento de Hipócrates – Correto?], Drösser, DIE ZEIT, 2000.

A saúde dos meus pacientes será minha primeira preocupação.
Preservarei o segredo daquilo que me for confiado.
Com todos os meios à minha disposição eu manterei a honra e as orgulhosas tradições da profissão de médico.
Meus colegas serão meus irmãos.
Não permitirei que pontos de vista religiosos, racionais, raciais, partidários ou de classe se intrometam entre meu dever e meus pacientes.
Considerarei incondicionalmente a vida humana desde a concepção.
Ameaças não me levarão a usar meus conhecimentos médicos contra os deveres da humanidade.
Eu faço este voto solene, livremente e pela minha honra."[24]

Cura mental-espiritual

Ao lado da profissão de médico, hoje existem na Alemanha outras profissões de cura, como os agentes de cura, terapeutas de diferentes direções e, desde que as curas intelectuais e espirituais sem permissão de prática são permitidas na Alemanha, também a de agente de cura mental-espiritual.[25]

Numa publicação do *Dachverbandes Geistiges Heilen* (DGH) é formulada a seguinte exigência: "Métodos de cura mental-espiritual devem estar à disposição de todas as pessoas que os desejarem para completar os outros métodos de cura. Em muitos outros países é costume, há tempos, que médicos, terapeutas e agentes de cura trabalhem juntos em consultórios, clínicas e hospitais. Sua ação conjunta – cada um do seu jeito particular – se volta para a ajuda tão boa e rá-

24. Citação de http://www.frieden-durch-kultur.de/18_zeitgeschehen/genfer.aerztegel.010404.html (data: 30/1/2006).
25. A decisão do direito constitucional federal de 2 de março de 2004 pode ser lida no website: http://www.bverfg.de/entscheidungen/rk20040302_1bvr078403.htm

pida quanto possível aos pacientes. O respeito mútuo é uma exigência básica para o trabalho conjunto. As agentes e os agentes de cura inscritos como membros na DGH se entendem como profissões de cura complementar, totalizadora de todas as outras profissões dedicadas à cura, como médicos, terapeutas e agentes de cura. Assim, não é de admirar que também os médicos, os fisioterapeutas e os agentes de cura sejam membros do DGH.[26]

Além disso, diz-se na publicação que, dessa arrancada, resultou uma série de fatos econômicos que mereceram atenção: "Já em 1995 a Liga de Cura Espiritual e.V. (DGH) apresentou dados durante uma conferência à imprensa, que realmente fez o coração de alguns políticos alemães e gerentes de Caixas de Previdência bater mais forte: 'No mínimo, de 18 a 19 bilhões de marcos alemães poderiam ser economizados por ano, na Alemanha, se os agentes de cura pudessem trabalhar legalmente e fossem consequentemente incluídos na entidade de saúde, de acordo com o exemplo de países vizinhos.'

Era esse o teor da estimativa do DGH, com base em inúmeros levantamentos estatísticos e experiências práticas tiradas do país e do exterior. 'Enquanto isso, uma dúzia de perguntas feitas a 7 mil pacientes de 110 agentes de cura mostrou que, em 60 por cento dos doentes crônicos, a cura espiritual alivia consideravelmente os males dos doentes, em cada dez casos até os elimina totalmente e leva a uma cura duradoura. A partir daí, as estatísticas de vários consultórios médicos e clínicas ingleses em que colaboram agentes de cura também comprovam isso. Durante a inclusão dessas práticas, o consumo de remédios por paciente diminuiu em mais de cem marcos por ano; ao mesmo tempo, o número de consultas médicas diminuiu em um quarto (...).'

Especialistas de outros países também veem uma chance de considerável redução de custos. Nós sabemos, explica Dennis Fare, o antigo presidente do World Federation of Healing (WHF) [Federação

26. "*Für mehr Geist und Seele im Gesundheitswesen*", brochura do governo federal sobre cura espiritual (DGH). Heidelberg, 2005, p. 6.

Mundial de Cura] que os médicos ingleses que permitiram os agentes de cura em seus consultórios, puderam reduzir seu orçamento de remédios à metade. O médico norte-americano e agente de cura, dr. Daniel Benor de Rockville, em Maryland (ele construiu na Grã-Bretanha a Doctor-Heiler Network, que reúne agentes de cura e médicos), com base em longos anos de prática, conta com enormes possibilidades de economia de 30 a 50 por cento de medicamentos, entre outros, em casos de dores, medo, distúrbios do sono, artrite, doenças do trato digestivo, hipertensão arterial e diabete, com menos consultas ao médico e aproximadamente um terço a menos de indicações para internação hospitalar: menos intervenções cirúrgicas, internações mais raras e estadias mais curtas no hospital."[27]

Aumento da responsabilidade pessoal

Em seu livro *Reiki. Energie aus eigener Hand* [Reiki. Energia da própria mão], os autores Horst H. Günther e Angelika Marché escreveram as seguintes palavras introdutórias: "Na época atual, também no âmbito da saúde, atribui-se à iniciativa pessoal de cada indivíduo uma posição de valor muito mais elevado do que se verificou no passado. O costumeiro abastecimento geral dentro do nosso sistema de saúde está em posição de teste, ou seja, já se modificou gravemente, tanto que cada vez mais pessoas procuram outros caminhos para preservar sua saúde. O que para muitos começa por motivos econômicos, torna-se, com cada vez mais frequência, uma busca interior e pode levar a uma nova consciência no que se refere à prevenção e cura. Pois autoajuda também significa pensamento e ação *autorresponsável* e ajuda a aprender a confiar outra vez fortemente nos próprios potenciais e capacidades."[28]

Como um pensamento e uma ação podem parecer tão naturais, a agente de cura e jornalista Verona Gerasch descreve da seguinte ma-

27. Ver nota 26, p. 7.

28. Günther, Horst H. e Marché, Angelika: *Reiki: Energie aus eigener Hand* [Reiki. Energia da própria mão], Kösel-Verlag. Munique, 2005, p. 13.

neira: "Um paciente pode lidar de forma construtiva com a sua doença, participar do seu restabelecimento/cura e – melhor ainda – fazer algo no sentido da prevenção da saúde. Disso fazem parte coisas como:

- Deixar o médico ou agente de cura explicar a doença no âmbito físico por meio de um diagnóstico.
- Questionar criticamente se o medicamento prescrito, a cirurgia indicada de fato são necessários e eficazes. Colher informações e ser inteligente, verificando se também há outras possibilidades de cuidados.
- Consultar um agente de cura, um psicólogo ou conselheiro espiritual para apoiar o processo de cura e para a remoção de possíveis causas das doenças.
- Voltar os próprios pensamentos para uma direção construtiva. Ativar as forças de autocura através de meditações, visualizações ou exercícios de relaxamento.
- Através de uma vida consciente, alimentação saudável, exercício físico, etc., em primeiro lugar fazer algo para manter corpo e alma equilibrados para não adoecer."[29]

Panorama

"Num grande centro terapêutico entram e saem diariamente centenas de pessoas. No prédio trabalham médicos e terapeutas de diversos setores ao lado de agentes de cura, junto a fisioterapeutas e psicoterapeutas. Quem entra como paciente tem escolha e é aconselhado desinteressada e abrangentemente por cada um dos 'tratadores' (...)."[30]

Assim começa uma visão do futuro, que menciona, em simples palavras, como o nosso sistema de saúde poderia se apresentar daqui a alguns poucos anos.

29. Gerasch, Verona: "Ärzte, Patienten, Heiler und die Sache mit der Eigenverantwortung" [Médicos, pacientes, agentes de cura e a coisa da responsabilidade própria], em DGH-Info 3/2005, p. 18.

30. "Für mehr Geist und Seele im Gesundheitswesen" [Para mais mente e espírito na Saúde]. Brochura da Dachverbandes Geistiges Heilen e.V. (DGH), Heidelberg 2005, p. 6.

No entanto, será de vital significado voltar à simplicidade que é a base do relacionamento entre médico/terapeuta/agente de cura e paciente e que não encontrou melhor expressão do que na seguinte citação do médico mundialmente famoso e especialista em medicina ayurvédica, dr. Deepak Chopra:

"É importante recolocar a medicina em sua posição natural. Ou seja, o elemento básico da medicina é elevado e bem natural – uma pessoa em dificuldades, que procura alguém que possa ajudá-la. Se deixarmos as técnicas médicas de lado, esse relacionamento dará certo, em primeiro lugar, quando for totalmente descomplicado e, com isso, também mais natural." [31]

Hoje existem na Alemanha todos os pressupostos para transformar em fato concreto uma verdadeira união de todas as profissões de cura a serviço do paciente. Só precisamos nos aproximar uns dos outros, de forma bastante natural.

---

31. Chopra, dr. Deepak: *Die Rückkehr des Reiki. Ein Arzt auf der Suche nach dem, was uns wirklich heilt* [A volta do Reiki. Um médico em busca do que realmente nos cura], editora ECON, Düsseldorf 1997, p. 125.

CAPÍTULO 2

Reiki – uma oportunidade para o futuro

Uma visão geral dos métodos de cura de acordo com Mikao Usui

Por *Oliver Klatt*

"Autocura significa aproximar o próprio corpo do si mesmo e reviver o sentimento de unidade."

GEORG TECKER

O Sistema Usui de Reiki é um método de cura natural, em que se transfere a energia vital universal por imposição das mãos. O método proveniente do Japão foi desenvolvido no início do século XX pelo japonês Mikao Usui, com base nas suas pesquisas e conhecimentos abrangentes no âmbito do trabalho de cura.

O uso do Reiki, isto é, a transmissão da energia vital universal sobre si mesmo e sobre os outros, sustenta processos de cura individual e vitaliza o corpo e o espírito. Quem ministra Reiki a si mesmo ou recebe um tratamento Reiki de um terapeuta especializado, na maioria das vezes sente que ele é benfazejo e causa relaxamento. Acontece o equilíbrio interior: o próprio centro é encontrado outra vez e a confiança primordial é fortalecida.

Processos intensivos de cura às vezes são acompanhados pelas assim chamadas reações de cura em que pode haver uma piora inicial de curta duração. Nesse fenômeno, que também é conhecido de outros métodos de cura naturais, como a homeopatia, um problema de saúde aparentemente fica ainda pior por curto espaço de tempo, antes que seja total ou ao menos parcialmente superado. Essas reações de cura são, como mostra a experiência, parte de todo processo de cura natural e nunca são de longa duração.

Reiki – energia vital universal

A palavra Reiki provém do japonês e significa "energia vital universal". Ela se compõe de duas sílabas: "Rei" descreve o aspecto "oniabrangente", universal dessa energia, e "ki" significa energia vital que flui por todas as criaturas vivas em formação individual. O "ki" do Reiki corresponde ao *Qi*, respectivamente ao *chi* que é conhecido de outros métodos de trabalho energético do Extremo Oriente, como por exemplo, Qi Gong e Tai Chi. Todos os três modos de grafar se referem ao mesmo conceito original para "energia vital" que provém do chinês.

Não apenas no Extremo Oriente, mas em todas as partes do mundo existem conceitos que partem da existência de uma energia vital universal. Assim, devemos presumir que, por exemplo, a "Numia" (de acordo com o médico alemão Paracelso/ século XVI), o "orgônio" (de acordo com Wilhelm Reich/cerca de 1950), o "bioplasma" (de acordo com os cientistas russos V. S. Grischenko e Victor Inyushin/1967), bem como a "baraka" (da doutrina Sufi), o prana (do hinduísmo) e o "Espírito Santo" (do cristianismo), todos os conceitos juntos representam a mesma energia vital que nos mantém vivos e que podemos usar para os mais diferentes fins.

A ciência esteve fechada a esse tipo de conceito durante longo tempo. No entanto, depois que há alguns anos ficou claro que, com métodos como os da acupuntura (que provém da medicina tradicional chinesa) indubitavelmente podem ser objetivados efeitos curativos no organismo humano, a ciência se viu diante da tarefa de explicar também a eficácia desses métodos.

Isso foi tentado, em primeiro lugar, diante das ideias dos âmbitos da biologia, bioquímica, física e medicina. Contudo, havia um número crescente de cientistas que consideravam essas tentativas insuficientes. Estes defenderam dedicar-se à pesquisa de modelos de explicação das culturas originais, bem como aos cientistas pesquisadores alternativos, questionando suas opiniões a fim de investigar se podiam ser cientificamente fundamentadas.

Assim começou a pesquisa científica do âmbito que atualmente é conhecida como "medicina energética" – um âmbito que se ocupa com aplicações médicas em correlação com ondas eletromagnéticas, bem como com campos sutis. Nos Estados Unidos a *energy medicine* já é reconhecida pelo governo e é objeto de pesquisa de muitos institutos científicos em todo o mundo.

Como aprender o Sistema Usui de Reiki

O Sistema Usui de Reiki é hoje o sistema mais popular em todo o mundo, que se ocupa com a energia vital conhecida na história da humanidade há séculos – uma energia que em suas diversas formas é conhecida em quase todas as culturas. Todos podem aprender o Sistema Usui, pois ele é fácil. A doutrina tradicional conhece três graus:

No 1º grau, que na maioria das vezes é ensinado durante um final de semana, os participantes recebem quatro iniciações na energia vital universal. Eles obtêm uma impressão da tradição do sistema, praticam posições de mãos para autotratamento bem como para tratamento de outras pessoas e aprendem a conhecer as cinco regras de vida do Reiki. Depois do término do seminário eles estão em condições de usar o Reiki em sua vida – basta impor as mãos e a energia flui.

O 2º grau oferece a possibilidade de ampliar as capacidades pessoais na lida com o Reiki. O curso abrange mais uma iniciação, mas também o aprendizado dos três respectivos símbolos que capacitam a intensificação do fluxo do Reiki para a cura mental ou para a cura a distância.

Com o 3º grau, também chamado de grau do mestre ou grau do professor, o aluno aprofunda o seu caminho com o Reiki e estabelece um relacionamento especial com o mestre que o inicia. Conforme o estilo do Reiki, a formação de alguns mestres pode durar de alguns meses até muitos anos. Depois do encerramento da formação para mestre/professor, o próprio aluno é um mestre/professor de Reiki e pode iniciar outras pessoas no Sistema Usui de Reiki.

Com as cinco "regras de vida do Reiki", o Sistema Usui tem uma diretriz espiritual, com a qual os praticantes do sistema podem orientar-se, e não só recuperar a saúde física, mas também a mental. As cinco regras de vida, que muitas vezes são subestimadas por sua simplicidade, abordam temas básicos do desenvolvimento espiritual e mental. São as seguintes:

1. Exatamente hoje, não se aborreça.
2. Exatamente hoje, não se preocupe.
3. Honre os seus pais, professores e as pessoas mais idosas.
4. Ganhe honestamente o seu pão.
5. Seja grato por tudo o que é vivo.

A história do Sistema Usui

No início do século XX o japonês Mikao Usui descobriu um sistema de tornar a energia vital universal Reiki útil para os homens. Com base nos conhecimentos de cura budistas e taoistas, ele desenvolveu um método simples e eficaz de utilizar a energia vital universal para o bem de todas as criaturas vivas. O método desenvolvido por ele é conhecido atualmente como Sistema Usui de Reiki (ou também como Sistema Usui de Cura Reiki).

Durante toda a sua vida Mikao Usui foi uma pessoa em busca de conhecimento. Ele estava familiarizado com os mais essenciais âmbitos do conhecimento da sua época e exercitava as mais diversas práticas espirituais. Em sua busca de muitos anos por um modo de cura que conseguisse curar corpo e alma, ele visitou muitos países, entre eles os Estados Unidos e a China, mas finalmente voltou ao Japão. Na Montanha sagrada Kurama, em Kyoto, depois de um período de jejum de 21 dias, foi-lhe transmitido o conhecimento do uso do Reiki. Em seguida ele praticou e ensinou o sistema desenvolvido por ele mesmo, primeiro em Tóquio, mais tarde também em outras partes do Japão. Usui morreu em 1926, depois de ter iniciado cerca de 2 mil pessoas no seu sistema. A somente 20 dessas pessoas ele transmitiu também a licença para ensinar. Uma delas foi o dr. Hayashi, médico e oficial aposentado da Marinha.

Depois da morte de Usui, o dr. Hayashi abriu uma clínica em Tóquio, onde tratava os pacientes com a energia vital universal. A partir do seu plano médico espiritual, ele descobriu novas maneiras de curar com Reiki e continuou a desenvolver o sistema. Pouco antes da sua morte, em 1940, ele nomeou sua aluna mais querida, Hawayo Takata, como sua sucessora. Por meio dela, o Sistema Usui chegou aos Estados Unidos, de onde se expandiu para a Europa.

Quando Hawayo Takata morreu, em 1980, ela havia iniciado milhares de pessoas no sistema. No entanto, apenas 22 dessas pessoas foram formadas por ela também para ensinar, entre elas, sua neta Phyllis Furumoto, que hoje é considerada sua sucessora.

Enquanto isso, muitos milhões de pessoas em todo o mundo praticam o Sistema Usui de Reiki. Em quase todos os países do mundo são dados regularmente cursos e tratamentos. Entre os países em que o Sistema Usui está especialmente disseminado, estão os Estados Unidos e o Canadá, e sobretudo a Grã-Bretanha, a Alemanha, o Brasil, a Rússia, a Índia, a Austrália e o Japão. Assim sendo, o Sistema Usui de Reiki, ao lado do Yoga, é uma das mais espalhadas tradições espirituais no mundo.

Diferentes formas do sistema

Hoje em dia há muitas formas diferentes do Sistema Usui, com diferentes conteúdos de ensino, diretrizes e preços. Ao lado do tradicional *Usui Shiki Ryoho*, esse é o nome japonês do sistema, há diversos aperfeiçoamentos ambicionados, com nomes como, por exemplo, *Rainbow Reiki* ou "Karuna Reiki".

Na escolha de um professor de Reiki deve-se prestar atenção se ele dispõe de uma formação profunda e se pode comprovar alguns anos de prática de Reiki. Em virtude das grandes diferenças de qualidade na formação de Reiki é aconselhável fazer uma escolha bem pensada, pois a participação num curso de Reiki é antes de tudo algo muito diferente do que, por exemplo, ir a uma aula de ginástica ou um curso de pintura. Durante um curso de Reiki o professor dá aos participantes iniciações energéticas. Devido ao alcance dessas intervenções energéticas no organismo humano é importante que as iniciações e o conhecimento que as acompanha sejam transmitidos por professores que tenham um alto grau de integridade e experiência.

Objetivo: prevenção da doença!

Diante do difícil estado em que se encontram os sistemas de saúde em todo o mundo, hoje, atribui-se à iniciativa privada um papel cada vez mais importante nos assuntos de prevenção da doença. O Sistema Usui de Reiki é muito apropriado para dar aqui uma contribuição central. Aprendido num final de semana, o 1º grau do Reiki desse sistema já coloca à disposição técnicas fáceis de usar e que podem levar a uma duradoura melhora da saúde – e isso com relativamente poucos custos, se considerarmos o fato de que as capacidades aprendidas podem ser usadas durante toda a vida.

Por meio de um autotratamento regular (30 minutos por dia) muitos problemas físicos e psíquicos podem ser controlados diretamente. Depois de vários anos de disciplinado autotratamento diário pode-se alcançar um estado físico e mental em que só raras vezes, e às vezes nunca, surjam problemas de saúde. Mesmo que esse ponto de vista não seja generalizado, visto que a lida com a doença é de natureza individual, ainda há muitos exemplos de praticantes de muitos anos que mostram isso.

Para o praticante do Sistema Usui a energia vital universal do Reiki está disponível a qualquer momento, é estavelmente presente e inesgotável no universo. Com frequência, já durante a iniciação ou depois de uns poucos tratamentos, surge um profundo sentimento de união com todo o universo – um sentimento que através do autotratamento regular pode transformar-se numa certeza, que sustenta e apoia a pessoa que segue seu caminho individual de modo correto, adequado para si mesma.

A natureza da cura

Pelo uso do Reiki, às vezes doenças graves também podem ser rapidamente superadas. Mas, na maioria das vezes, acontece de serem necessários anos de dedicação e, principalmente, uma mudança no estilo de vida para a pessoa restabelecer-se duradouramente. O mesmo vale para o tratamento de doenças crônicas, que surgiram no decurso de vários anos e que, por isso, na maioria das vezes não desaparecerão instantaneamente, mas somente depois de autotratamento diário regular, sendo controladas passo a passo.

De acordo com tudo o que sabemos hoje sobre isso, o modo de funcionamento do Reiki se baseia – como também as outras formas de medicina energética – nos fenômenos de alteração da vibração. Através da doença, do aborrecimento ou do *stress*, o organismo humano é deixado num estado desarmonioso, o que faz as vibrações no corpo se desorganizarem. Pela ação da energia vital universal sobre o organismo fora de equilíbrio, o estado desarmonioso pode ser levado novamente a uma vibração harmoniosa. Conforme as circunstâncias especiais da doença isso pode acontecer com maior ou menor rapidez, com diferente sucesso.

Uma das hipóteses fundamentais da arrancada integral teórica da medicina energética é, em palavras simples, que o organismo humano dispõe de um âmbito de regularização própria, com cuja ajuda é possível regular o fluxo de energia vital e distribuí-la de maneira ideal pelo corpo. Com essa hipótese concorda a percepção de muitos praticantes do Reiki que, apesar de diferentes posições das mãos que normalmente são adotadas durante o tratamento, em última análise percebem que a energia sempre flui para aquelas partes do corpo em que são mais urgentemente necessárias.

O "efeito Reiki"

Uma especialidade do Sistema Usui de Reiki é o efeito de que os agentes de cura Reiki se beneficiam em cada caso de tratamento que eles ministram – independentemente de tratarem uma outra pessoa ou a si mesmos. O curador com Reiki serve como uma espécie de canal para a energia vital universal durante o tratamento; ele não despende nada da sua própria energia; ao contrário, sente-se em geral revigorado e repleto de energia depois do tratamento de outras pessoas.

Eis aí uma grande diferença em relação aos efeitos curativos de muitos agentes de cura espiritual, que em parte dão tratamentos usando a própria energia, motivo pelo qual, principalmente depois de vários tratamentos seguidos, pode haver estados de esgotamento. Um tal efeito colateral não é conhecido nos tratamentos com Reiki; quando, no entanto, vem a acontecer, na maioria dos casos é porque o agente de cura não recuperou energia suficiente, mas com certeza, com a melhor das intenções, quis levar ou dirigir a energia vital de modo inadequado para o cliente.

Formas de tratamento

A forma habitual no tratamento com o Sistema Usui é o tratamento do corpo inteiro. A pessoa que dá ou recebe o Reiki fica na posição deitada. Um tratamento completo demora cerca de 60 a 90 minutos. Num tratamento de corpo inteiro são tratados a cabeça bem como o lado dianteiro e posterior do corpo. As mãos são impostas diretamente sobre o corpo.

Enquanto a maioria dos agentes segue determinada sequência de posições das mãos num tratamento de cura Reiki de corpo inteiro, das quais só se distanciam em intervalos, quando isso parecer individualmente necessário, alguns poucos agentes de cura, que se servem de métodos especiais como por exemplo a técnica Byosen japonesa, no que se refere à posição das mãos eles seguem quase exclusivamente a sua intuição.

Ao lado das posições-padrão para um tratamento de corpo inteiro, que abrangem as posições para o autotratamento, por exemplo, 8 posições básicas ou 15 posições básicas, para o tratamento de outras pessoas, também existe um grande número de posições especiais para o tratamento de problemas físicos ou mentais específicos. As posições isoladas, independentemente de serem posições-padrão ou especiais, em geral são mantidas por cinco minutos. Em casos agudos também é possível manter uma posição por muito mais tempo.

Sensações corporais

Durante um tratamento Reiki podem acontecer diferentes sensações corporais da parte do agente de cura, bem como do cliente. Às vezes essas sensações coincidem, às vezes, não. Assim sendo, por exemplo, com frequência acontece de o agente de cura sentir calor nas mãos, ao passo que o cliente igualmente sente calor no local em que o agente impõe as mãos (na maioria das vezes um sinal de que flui bastante energia, de que há necessidade de muita energia – que em geral está relacionado com doenças crônicas).

Muitos agentes de cura Reiki também relatam sobre a percepção de que suas mãos às vezes ficam "detidas" magneticamente sobre determinada região do corpo. Nesses casos, recomenda-se ficar mais tempo na correspondente posição, visto que o local na maioria das vezes precisa de muita energia. Outras percepções frequentes sobre as quais falam os agentes de cura são, por exemplo, um formigamento nas mãos, uma leve vibração no corpo ou também um leve sacolejo. Via de regra essas sensações são sempre breves e na maioria das vezes são um sinal de que o fluxo energético alcançou uma grande intensidade no momento.

Se da parte do cliente acontecerem reações emocionais como riso ou choro, ou reações físicas como, por exemplo, gases estomacais, arrotos ou tosse, estes devem ser aceitos e permitidos pelo agente de cura. Em geral trata-se de fenômenos colaterais de processos físicos ou psíquicos que estão sendo dissolvidos pelo tratamento Reiki e que então encontram sua expressão em um dos processos de cura individual de forma salutar.

Sucesso mundial

Como um sistema independente de cura energética, que abrange alguns graus – do aprendizado do 1º grau até a transmissão do sistema a outras pessoas – o Sistema Usui de Reiki, nos últimos 25 anos tornou-se cada vez mais popular. Esse desenvolvimento corresponde inteiramente ao desejo de Mikao Usui, que queria muito uma disseminação do método de cura Reiki. Assim, a inscrição num dos memoriais erigidos em sua memória em Tóquio, na tão típica mistura japonesa de humildade e alta exigência, diz que a bem-sucedida disseminação do método de cura Reiki poderia "contribuir um pouco para salvar o mundo e completar a mente humana".

Atualmente, mais de 80 anos depois da morte de Usui, permanecem para o Sistema Usui de Reiki as melhores perspectivas de se tornar uma coluna de sustentação duradoura, tanto física como mental, da saúde humana.

CAPÍTULO 3

Viver o Reiki

Como cheguei ao Reiki e teve início a colaboração com a medicina tradicional

Por *Norbert Lindner*

"Mas a medicina continua tosca, uma obra malfeita, de menor valor, quando não leva em conta a alma."

ALBERT EINSTEIN

Tudo começou com uma aparente inflamação do apêndice. Precisei ficar no hospital durante duas semanas e tive alta com um diagnóstico de arrepiar os cabelos. Não fora o apêndice, mas um tumor que causara a inflamação. O tumor foi removido imediatamente, no entanto havia inflamações no intestino, que deveriam me causar muitos problemas no período seguinte. Deram-me um nome em latim, "*Morbus Crohn*", com o qual eu não podia fazer absolutamente nada.

"O que é esse 'morbus' sei lá o quê?", perguntei ao médico. E ouvi pela primeira vez as palavras que decidiriam a minha vida: "Uma doença psicossomática." Assim tive a primeira impressão de que a composição corpórea e a psíquica de um ser humano estão relacionadas. E a partir de então encontraria isso muitas vezes na união de dores e doença.

Resolvi passar oito semanas numa clínica especial. Submeteramme a três cirurgias com anestesia geral. Os médicos tentavam remover as vias da fístula, que se ramificavam pelos tecidos inflamados no meu corpo. Fui confrontado com nomes e definições de doenças cada vez mais raros, que tinham uma única consequência: uma cirurgia depois da outra.

Finalmente, depois de cinco anos e ao todo doze cirurgias – uma delas em consequência de uma oclusão intestinal aguda, que me acometeu numa excursão de fim de semana para a Áustria – cheguei à conclusão de que isso não poderia continuar assim. Do ponto de vista profissional, eu estava bem cuidado. Eu tinha um emprego seguro de funcionário na companhia telefônica e, apesar das minhas constantes ausências provocadas pela doença, não precisava ter medo de uma demissão. No entanto, aconselharam-me a me aposentar. Aposentar-me com 22 anos? Tendo em meus registros uma certidão de deficiência grave? Para mim, isso estava fora de questão.

Percorrer novos caminhos

Tudo o que eu tinha aprendido até então era que eu havia corrido de uma cirurgia para a seguinte. Nada resultara disso tudo além da eliminação dos sintomas. Tanto antes como depois não havia nenhuma melhora à vista. Minha pergunta sobre a causa da doença na maioria das vezes era respondida com um dar de ombros. E, naturalmente, com a explicação de que se tratava de uma "doença psicossomática". Pedi orientação alimentar e uma recomendação sobre o que eu tinha de modificar na condução da minha vida a fim de recuperar minha saúde. Nunca recebi respostas. Um médico me disse literalmente: "Se eu lhe der agora dicas de alimentação, elas não ajudarem, e o senhor voltar outra vez para fazer cirurgia daqui a um ano, então me perguntará por que eu lhe dei o conselho de modificar sua alimentação. Por isso não lhe recomendo nada." É claro que isso não foi satisfatório.

Uma estadia de cura finalmente teria de trazer melhora. Nessa época eu pesava apenas 67 quilos para uma altura de 1,94m. O meu objetivo era ganhar peso. Sentia-me realmente doente. Mas essa estadia de cura representou um ponto de mutação para mim.

Logo no início, ao meio-dia no salão de refeições, um dos pacientes com o qual compartilhava a mesa, levantou-se com o rosto crispado de dor e saiu da sala. Quando perguntei por que ele saíra tão pouco tempo antes da refeição, me disseram que ele fora buscar uma dose de morfina no seu quarto. Fiquei surpreso de que alguém tivesse morfina no quarto e descobri que ele estava em estado terminal de uma doença com tumor e que, provavelmente, tinha somente mais duas semanas de vida. Fiquei com um nó na garganta. Então percebi que o meu vizinho de mesa trazia consigo um pequeno aparelho. Suas cirurgias de intestino não deram certo e, enquanto isso, ele era alimentado artificialmente. Ele só nos acompanhava às refeições por questões de sociabilidade. Quando, no mesmo dia, fui nadar com o terceiro do grupo, percebi que este já tinha uma bolsinha intestinal artificial, então tive certeza: no meu estado, tudo poderia ficar ainda pior. Logo poderia estar na mesma situação que os outros pacientes.

Pensamento positivo

A lição dessas semanas foi que eu mesmo tinha de assumir as rédeas da minha vida. Que eu mesmo tinha de cuidar de mim. Ficou claro que nenhuma outra pessoa poderia fazer isso por mim. Enquanto me sentisse doente, estava de fato doente: eu verdadeiramente alimentava esse estado com os meus pensamentos negativos. Naturalmente, eu tinha uma doença real – mas embora ela estivesse ali o tempo todo, reconheci que não precisava ainda ficar me ocupando sempre dela interiormente.

Portanto, mudei meus pensamentos conscientes para os aspectos positivos. Dizia sempre para mim mesmo: "Humor é quando se ri apesar de tudo!" Com uma certa ironia e um pouco de humor negro comecei a rir outra vez com mais frequência. E um livro do dr. Joseph Murphy veio ter às minhas mãos: *O poder do seu subconsciente*. Ali encontrei a confirmação de voltar minha razão para o positivo e eliminar os pensamentos negativos. E se alguma vez não conseguisse fazer isso, então ao menos acompanhava um pensamento negativo de outros pensamentos positivos. "Os pensamentos são livres, e eu determino o que penso", esse era o meu lema. E tive sucesso. Eu me senti melhor. Com relação ao meu intestino, eu havia criado uma "casca grossa" e não estava mais tão sensível quando algo às vezes não dava certo.

Comecei a pesquisar o termo "doença psicossomática" mais a fundo. No dicionário encontrei a seguinte explicação: "O relacionamento mútuo entre o corpo e a alma está perturbado." Pois bem, pensei, meu corpo já foi testado cientificamente até agora, mas o que dizer da alma? E principalmente: Como posso trabalhar com a minha alma para não produzir os males no âmbito físico? Comecei a procurar e – por mais estranho que possa parecer –, por fim, foi uma verruga que me mostrou o caminho. Eu tinha há muito tempo uma verruga em um dos meus dedos do pé que estava ficando cada vez maior. Há um ano ela me incomodava muito. Eu também já havia marcado uma consulta com o médico para fazê-lo remover a verruga. Mas isso não aconteceria mais. Pois depois de uma semana de introdução à meditação num final de semana, a verruga havia desaparecido. Então eu soube que estava no caminho certo.

Durante um ano dediquei-me intensivamente à meditação, acompanhei vários seminários, experiências grupais e individuais de fins de semana. Li livros sobre diferentes doutrinas espirituais e modifiquei alguma coisa na minha vida. Libertei-me de relacionamentos infelizes e antes de tudo desisti do meu emprego de funcionário. Em seguida trabalhei meio período, a fim de ter tempo suficiente para mim e minha busca. Mas, infelizmente, constatei: mesmo que se esteja na busca com milhares de outras pessoas, em última análise, estamos sozinhos nisso. Pois cada um tem seu próprio caminho individual e é exatamente isso que cada pessoa tem de descobrir. Finalmente, tem pouca utilidade imitar ou trilhar o caminho do outro. Isso talvez possa ajudar durante certo tempo, mas com certeza não a longo prazo.

Iniciativa própria

Uma consequência dos inúmeros seminários de que participei, e das muitas doutrinas diferentes com as quais fui confrontado, foi que me senti ainda um pouco mais confuso do que antes. Subitamente não tinha mais vontade de procurar médicos, curandeiros ou visitar locais de força em busca de cura. Eu não queria ver as cartas sobre meu futuro, mandar fazer meu horóscopo ou ler um livro depois do outro. Como tudo está em mim, como eu via cada vez com mais nitidez e, como era eu que estava doente – ou, dito mais suavemente, tinha dificuldades –, também devia ser eu quem teria de fazer algo. Não podia mais receber ajuda exterior. Eu mesmo queria aprender algo que pudesse usar em mim, sem depender de outra pessoa.

Em primeiro lugar aprendi yoga. Mas não consegui fazer bem os exercícios, pois não sou muito flexível. Em seguida fiz experiências com o Tai Chi, gostando muito dos movimentos. No entanto, eu estava procurando um método que me ajudasse imediata e eficazmente. De fato, a essa altura eu já me sentia consideravelmente melhor, mas, realmente, ainda não me sentia com saúde. Tanto antes como depois apareciam pequenas inflamações, que voltavam a estreitar o meu intestino. Por meio de uma progressista técnica a *laser* não eram mais necessárias grandes cirurgias. No entanto, eu tinha constantemente de passar por cirurgias menores, que me obrigavam a ficar alguns dias no hospital.

Certo dia, uma amiga me falou sobre o Reiki. Na verdade, ela estava entusiasmada com ele. Por causa da minha formação técnica eu era um tanto racional e não conseguia compreender muito bem como seria possível deixar a energia fluir pelas minhas mãos e, através da imposição das mãos sobre o corpo, ainda provocar uma cura. Mas as explicações me fascinaram e foi assim que conheci meu mestre de Reiki.

Em primeiro lugar recebi um tratamento. Achei surpreendente tudo o que pude sentir durante o mesmo. Meu professor de Reiki não se apressou. Nos dias seguintes recebi mais tratamentos. Ficava muito encantado quando, além da purificação corporal, eu ainda sentia um equilíbrio psíquico. Mal podia esperar para aprender o 1º grau.

Reiki realmente ajuda!

As experiências que adquiri dessa maneira foram totalmente surpreendentes. Ainda me lembro de como, por exemplo, uma azia que sempre me acompanhava sumiu totalmente, de repente, depois de um curto tratamento do estômago. Fiquei muito feliz por finalmente ter encontrado um método de acordo com o qual poderia me tratar a qualquer hora, sempre que quisesse. Não precisava mais procurar uma outra pessoa para obter um alívio das minhas dores. Mais ainda, eu podia sentir o meu corpo e também fazer um diagnóstico. Achara um método que me possibilitava regenerar e curar tanto o meu corpo como também a minha psique.

Meus males principais naquela ocasião eram as dores e as cólicas que surgiam devido ao estreitamento do intestino. Exatamente no caso desse sintoma é da maior importância um relaxamento. E o Reiki ajudou extraordinariamente. Há mais de dez anos estou livre de incômodos. Na minha prática como terapeuta, hoje me especializei no âmbito da psicossomática.

Corpo e psique

Com o Reiki podemos tratar o corpo e a psique de uma pessoa, e cada vez reconheço mais a importância especial desse relacionamento mútuo. Hoje, quando ministro um tratamento de Reiki, não o faço somente para fortalecer o *chi* das pessoas, para aliviar as dores ou curar uma doença, mas vejo o ser humano em seu todo. Com o tempo adquiri, durante o tratamento com Reiki, a capacidade – até certo grau – de sentir também os sofrimentos psíquicos e de alma da pessoa que está sendo tratada, até mesmo em maior escala do que os males físicos (sobre os quais se pode interrogar os indivíduos). É aqui que vejo minha tarefa como terapeuta também no papel de mediador entre o corpo e a psique da pessoa. Muitas vezes aparecem imagens que querem ser interpretadas durante o tratamento. Naturalmente isso não acontece simplesmente, mas exige uma conversa exaustiva, pessoal, com base na experiência de longos anos e muito tato.

Hoje, quando me recordo do meu tempo de doente, vejo que não esqueci a dor e o sofrimento a ele associados. Naquela época eu me perguntava muitas vezes: Por que eu? E conheço muitas pessoas que estão hoje numa situação semelhante e que se fazem a mesma pergunta. Só que algumas fazem essa pergunta e, em vez de se porem em busca de uma resposta, não continuam pensando nisso ou ficam com pena de si mesmas. Outras, por outro lado, tentam de fato e verdadeiramente encontrar o porquê.

Eu recebi uma resposta para essa pergunta. E no que se refere ao sentido da vida em geral e à minha missão de vida em especial, não há mais pontos de interrogação para mim. Desde que entrei em contato com o Reiki minha vida se transformou tanto, que eu não saberia dizer com detalhes tudo o que mudou. Estar com o Reiki tornou-se a minha vida. E isso não vale só para mim. Minha família também vive com o Reiki.

Fluxo livre de energia

Nos dias da minha doença, naturalmente o aspecto da cura física estava em primeiro plano. No entanto, como dizem, de um corpo são também faz parte uma mente sã. Na minha opinião, o Reiki não é simplesmente um método que eu busco apenas em determinadas situações. É muito mais um acompanhante constante, que resulta do autotratamento regular. Às vezes ouço praticantes do Reiki dizer que somente se tratam quando se sentem mal. Isso também é maravilhoso. Mas posso dizer que eu sinto quase sempre um constante fluxo e formigamento nas mãos (e que também não quero desligar). Quando então deixo a energia fluir, eu a sinto em todo o meu corpo, na maioria das vezes acompanhada por um calor profundo. Na minha doença de então, vejo hoje o começo de um caminho, que trilhei antes e trilho agora. O tema da psicossomática nunca mais me abandonou.

Foi justamente esse aspecto que me fez lutar pelo 2º grau de aprendizado. Senti um aumento do fluxo de energia e tive a possibilidade de penetrar até nos mais sutis e inconscientes âmbitos do ser. Esse é ainda hoje meu uso principal do Reiki. Também gosto de trabalhar com o Reiki a distância, portanto, com os tratamentos a distância e com a consequente oportunidade de efetivar o positivo na minha vida. E o trabalho direto com o subconsciente sempre volta a me fascinar.

Estadia no estrangeiro

No final de 1996 pude ser iniciado como mestre pelo meu professor de Reiki, Eric Meyer, em Maiorca. Com isso começou uma fase intensa de aprendizado. Eric era muito exato em tudo, exigia muito de um mestre. Afinal, não se trata de um mero título, mas implica uma grande responsabilidade diante de si mesmo, das pessoas e do Reiki. Eric sempre me ensinava que tudo o que eu der, voltará para mim. Ele é um professor de coração puro, e isso tinha de ser aprendido também em sua "escola". Eu não sou importante, o Reiki é que é. Não sou eu quem cura, mas o Reiki. **Eu sou "apenas" um canal que transmite a força.**

Em 1997 minha mulher e eu decidimos viajar para Maiorca com nossos dois filhos. De início eu pretendia apenas passar férias com minha família durante alguns meses. Meu filho mais velho tinha 4 anos, e antes que a escola começasse para ele, eu queria muito ficar junto com a minha família. Não demorou muito e surgiu o plano de ficar todo um ano em Maiorca. Nós cancelamos a matrícula em Augsburgo e participamos que queríamos sair da moradia. Tudo o que restou foi uma pequena cama e uma ligação com o banco. Foi uma sensação magnífica dizer ao senhorio: "Vou me mudar para Maiorca."

Antes eu havia combinado com Eric, que morava em Maiorca, que eu podia dar palestras nos hotéis a fim de falar sobre o Reiki com as pessoas. Quando chegou a hora, tive de passar por uma dura escola. Recebi muito apoio de Eric, que já tinha contratos com dois hotéis onde eu poderia dar palestras. No entanto, demorou quase meio ano até tudo estar esclarecido e eu ter me preparado convenientemente.

Ainda sei exatamente como me senti na minha primeira apresentação. Estava agitado e tremia. Eu havia decorado o meu texto, e o apresentei rigidamente. Depois Eric me disse: "Você tem de falar com mais vivacidade." Como se fazia isso, só vim a saber exatamente depois de um ou dois anos. Apesar disso, logo depois da minha primeira apresentação um dos ouvintes se inscreveu para o seminário. O primeiro passo fora dado, e assim começou minha atividade como professor de Reiki. Os dois hotéis se transformaram em três e durante algum tempo dei três palestras por semana. Muitos dos ouvintes também queriam simplesmente experimentar uma vez um tratamento com Reiki. Certa vez estava presente um homem que trabalhava num local de teste num hospital da Alemanha. Durante suas férias ele veio ao meu encontro e me disse: "Também quero experimentar uma vez aquilo que tantas pessoas me contam."

Confiança

Foi uma época bonita, mas muito difícil. O que mais aprendi naquela ocasião foi a ter confiança. Muitas vezes só compareciam uma ou duas pessoas a uma palestra. E também acontecia de logo dez pessoas se levantarem, agradecerem e irem embora. Para mim isso significava: nenhum tratamento, nenhum seminário. "Pois bem, amanhã é outro dia", eu pensava então. Mas quando durante toda uma semana não havia nenhum pedido de tratamento ou marcação de seminário e na semana seguinte também não acontecia nada, já era preciso refletir sobre como conseguiríamos comprar alguma coisa para comer. Essa já era uma grande prova. Mas, no fim, sempre acontecia algo, nós tínhamos o suficiente para viver.

Depois de um ano tivemos de decidir: voltar para a Alemanha ou ficar em Maiorca? Finalmente, dos inicialmente planejados três meses ficamos ao todo cinco anos e dez dias. Nesse período dei mais de quinhentas palestras. Com o tempo elas também se tornaram mais animadas, porque eu fazia muito mais experiências com o Reiki, as quais eu podia passar adiante nas palestras. Nessa época também aprendi a "explicar" o Reiki. Durante as primeiras palestras eu ainda tinha medo de que me fizessem perguntas. Às vezes eu pensava: "Tomara que não haja nenhum médico presente que me questione." Hoje, desde a madre superiora das freiras, passando pelo pároco, até o operário, tenho formado pessoas de todos os grupos profissionais. A mais idosa das pessoas nos meus seminários tinha 94 anos; a mais nova, 7 anos.

Contato decisivo

O que o período em Maiorca me ensinou foi a sintonizar-me pessoalmente com cada um que me procurasse. Não posso esperar que as minhas explicações tenham consequências imediatas. Preciso escolher individualmente os diferentes argumentos e modos de explicação para cada pessoa. Esse modo de abordagem ajudou-me bastante a tomar pé no trabalho de colaboração com os médicos. Contar a um esotérico algo sobre energia vital é relativamente fácil. Contudo, se falamos com um médico e tentamos, por exemplo, explicar o Reiki com as palavras "o Reiki é uma energia universal que transmitimos para uma pessoa por meio da imposição das mãos", então, como pude constatar, isso tem pouco sucesso.

Ainda me recordo do meu primeiro contato decisivo com um médico. Muitas vezes me perguntam hoje como consegui trabalhar com o Reiki num hospital. E só pude dizer: Eles me chamaram! Depois de estarmos quatro anos em Maiorca, certo dia o telefone tocou e minha mulher me estendeu o aparelho com as palavras "...um tal professor

Gunia, da Alemanha..." Eu disse "Alô!" e de início fiquei abalado com o que se seguiu: "Meu nome é dr. Gunia, sou professor de medicina tradicional chinesa..." Puxa! Pensei, "o que será que ele quer de mim?" Ele me contou que tínhamos uma paciente comum, que lhe falara entusiasticamente de um tratamento com o Reiki em Maiorca.

No decurso da conversa entendi do que se tratava. Eram três amigas que haviam estado de férias juntas em Maiorca. Na verdade, originalmente elas deveriam ter dado entrada num outro hotel, onde eu não dava palestras. Mas uma das três havia feito a reserva depois das outras e o hotel desejado já estava lotado. Assim ficaram conhecendo o Reiki. Ainda me lembro do que elas disseram na ocasião: "Que coincidência, nós não teríamos conhecido o Reiki se não fosse por ela." (Também aprendi em Maiorca: Não existem coincidências!)

Dr. Gunia continuou explicando ao telefone que viria a Maiorca dali a alguns meses e gostaria de encontrar-se comigo. O que descobri posteriormente foi que um dos seus colegas também havia lhe aconselhado a aprender o Reiki. Nós nos entretivemos bastante ao telefone e nos entendemos bem desde o começo. Finalmente combinamos que ele me avisaria quando viesse a Maiorca. Desde o início tive uma boa sensação, no entanto logo me esqueci do telefonema. Demorou alguns meses até ter a notícia de que em breve o dr. Gunia me faria uma visita.

De volta à Alemanha

Combinamos um encontro ao qual cheguei com vinte minutos de atraso – os relógios de Maiorca andam de modo diferente – mas finalmente nos encontramos e passamos duas horas estimulantes juntos. Na sequência convidei o dr. Gunia para vir a minha casa e apresentei-lhe a minha família. Infelizmente o tempo passou voando, por isso o convidei para uma outra estadia em Maiorca, como hóspede na nossa casa. E ele aceitou o convite. Como ele me disse depois, essa foi uma coisa que ele nunca tinha feito antes. Simplesmente visitar uma família desconhecida durante alguns dias e morar na casa dela. Nunca me esquecerei desse dezembro. Fizemos churrascos na praia, com um clima magnífico e 26 graus de temperatura e passamos um tempo muito agradável juntos. Por fim, iniciei o dr. Gunia no 1º grau de Reiki.

Quando era possível, sempre dava a formação perto de um pequeno mosteiro, onde tínhamos a visão de uma faixa de terra e do mar, a 200 metros de altura, num penhasco escarpado.

Na continuação da formação em Reiki, o dr. Gunia me convidou para ir a Bramsche, ao hospital de Johanniter, onde dirigia um setor de medicina tradicional chinesa (MTC). Dito e feito! Em janeiro de 2001 fui pela primeira vez à Alemanha por motivos profissionais. Como professor de Reiki num hospital, essa foi uma sensação boa. A semana foi cunhada por um trabalho de colaboração com os médicos, que não foi apreciada somente pelos pacientes. Muitos acharam magnífica a combinação da acupuntura com o Reiki. O tratamento com as agulhas da acupuntura ajudava os pacientes a equilibrar sua energia. E nos seminários de Reiki eu lhes mostrava como podiam fortalecer seu *chi*.

Naquela ocasião havia um problema, pois sem um terapeuta presente eu não podia dar tratamentos de Reiki. Portanto, concentrei-me na formação dos pacientes, em dar seminários de Reiki: isso eu podia fazer sem diploma de terapeuta. De resto, por assim dizer, o tratamento dos pacientes era um âmbito especial do dr. Gunia e isso deveria continuar assim. Não entraríamos em concorrência quanto a isso e também não queríamos confundir os pacientes, fazendo com que eles decidissem com quem desejariam se tratar. Na minha colaboração com os médicos, os fundamentos do trabalho estão bem estabelecidos, o que vem sendo preservado nos últimos quatro anos de maneira formidável.

Naquela semana também realizei minha primeira palestra sobre Reiki no setor de medicina tradicional chinesa do hospital Johanniter. A palestra fora divulgada pela imprensa e o dr. Gunia havia dito aos seus pacientes que convidara um mestre de Reiki de Maiorca. Isso já foi extraordinário, ao se pensar sobre isso. Naturalmente, eu também me perguntava por que justamente eu recebia essa oportunidade, entre todos os professores de Reiki que havia na Alemanha. E voltei para cá, embora estivesse estabelecido em Maiorca; voltei para a Alemanha a fim de ensinar Reiki. Considerei o fato como obra do destino.

Diante de 30 pessoas dei minha palestra praticada há anos – e nesse meio-tempo elas haviam se tornado muito animadas; aos seminários compareceram unicamente os pacientes. Algumas recomendações me ajudaram a constituir mais dois locais em Bramsche. Logo eu fazia visitas de uma semana por mês; e, finalmente, fiquei conhecendo o projeto do dr. Gunia e de um médico seu amigo, de introduzir a medicina tradicional chinesa num hospital de Berlim.

Medicina Integradora

Quando, em 2002, , fui pela primeira vez à clínica Santa Edviges, em Berlim, eu estava bastante ansioso. Um hospital católico com uma ala de Medicina tradicional chinesa: o setor correspondente era chamado "Centro de Medicina Tradicional Chinesa Integradora". Dessa maneira também podiam ser integrados métodos de cura que não estivessem em correlação direta com a medicina chinesa.

A aceitação dos pacientes foi enorme, e me vi diante de um novo problema. Eu não queria mais ficar separado da minha família com tanta frequência. Estávamos, portanto, diante de uma difícil decisão. Ficaríamos em Maiorca, e eu teria de abandonar o novo trabalho conjunto, ou teríamos de voltar à Alemanha. Por fim decidimos pela Alemanha, do que não nos arrependemos até hoje: a única coisa de que sentimos falta é do clima agradável de Maiorca.

Assim, voltamos para a Alemanha: minha mulher, os três filhos, três gatos, dois cães, um pônei e eu.

Nos anos que passei em Maiorca, às vezes eu tinha a impressão de que nosso tempo ali era como "a calmaria antes da tempestade". E, olhando para trás, foi isso mesmo. Quando iniciei minhas atividades em Berlim, eu podia passar todos os dias, das 9 até as 20 horas, no setor de MTC da clínica. Portanto, era necessário um bom plano de trabalho para fazer justiça aos meus pacientes, colaboradores e à minha família em igual medida.

Dos colaboradores médicos do setor eu recebi muito apoio. No início alguns me olhavam com ceticismo. Mas, depois de nos conhecermos melhor e de terem sido feitas as primeiras experiências com o Reiki, muitos dos médicos quiseram a formação em Reiki. Dessa maneira, nas situações de tratamento a própria energia do Reiki estava à disposição; por exemplo, nos tratamentos com acupuntura deixava-se o Reiki fluir junto e em geral desenvolver uma melhor compreensão do fluxo de *chi*. Eu continuava achando, como também na minha atividade no hospital de Johanniter, que o tratamento dos pacientes era coisa exclusiva dos colaboradores médicos. Eu me concentrava sobretudo na formação de pacientes, na forma de seminários sobre o Reiki.

Desenvolvimento posterior

Os desafios com o Reiki aumentavam, pois as pessoas punham muita confiança nos seminários. Muitas vezes havia quadros de doenças graves entre os participantes e raras vezes aparecia uma pessoa que queria exclusivamente prevenir uma doença. Muitos pacientes faziam terapia médica. Quando interpretavam seus sintomas, na maioria das vezes isso acontecia com o uso de designações latinas. Eu não tinha muito conhecimento disso e percebi que precisava de ajuda. Assim sendo, comecei a me interessar por uma formação em terapia, por um lado para obter melhor compreensão do corpo humano, por outro, para na sequência poder trabalhar terapeuticamente com o Reiki também. Como quis o "acaso", conheci alguém no setor que tinha uma escola de curandeirismo em Berlim.

Pouco tempo depois comecei minha formação na escola berlinense de medicina, cujo nível elevado me impressionou. Esse foi um período de aprendizado intensivo. Naquela ocasião meu planejamento de tempo era o seguinte: três semanas de trabalho no setor de MTC, seguidas de uma semana de escola de terapeuta, e todo o tempo estudando muito, estudando muito e estudando muito mais. Finalmente, a recompensa foi passar na prova e a obtenção da licença para poder praticar como agente de cura na Alemanha.

Mais ou menos na época do meu exame de agente de cura, o dr. Gunia encerrou sua atividade no "Centro para Medicina Tradicional Chinesa e Medicina Integradora" na clínica Sta. Edviges, para poder dedicar-se melhor à sua nova tarefa como docente da Universidade, em Potsdam. De repente vi-me outra vez diante de 30 alunos aos quais falei sobre *chi*. O dr. Gunia havia dito aos alunos: "Não posso lhes mostrar o *chi*, mas conheço alguém que permitirá que vocês o sintam." No contexto da minha palestra sobre o Reiki, também pude tratar dos alunos com a energia vital universal e dessa maneira transmitir-lhes uma sensação direta dessa energia.

Com a saída do prof. Gunia do "Centro para Medicina Tradicional Chinesa e Medicina Integradora" da clínica Sta. Edviges, eu também abandonei esse setor, para a partir daí poder trabalhar com mais flexibilidade no meu próprio consultório. Às vezes temos de ousar dar o grande passo, e, como posso dizer hoje: para mim, esse passo também valeu a pena.

O trabalho em colaboração com os médicos continua. No momento trabalho com diferentes âmbitos da medicina. Por exemplo, trabalho em diversas clínicas dos arredores. Através das representações que os médicos fazem para os colegas de vez em quando, sempre chegam pacientes de outras clínicas para mim. A consequência disso é que estes falam sobre o Reiki com seus médicos e, desse modo, o trabalho conjunto é desejado em outros consultórios. Meu ponto de gravidade naquela época era o Wiegand Sporting Club, um famoso clube esportivo em Berlim com um grande consultório fisioterapêutico, onde eu fazia tratamentos e ministrava meus seminários sobre o Reiki. Além disso, existe um hospital disponível em Berlim para o trabalho em colaboração.

CAPÍTULO 4

Integrar a medicina energética

Minha vida como médico e estudante de medicina

Pelo *prof. dr. Günter H. Gunia*

"A medicina é uma ciência física e natural. Mas a profissão médica não o é; no entanto, a medicina é o último, o mais belo e o maior relacionamento de pessoa para pessoa. A medicina é a realeza. Os cientistas físicos e naturais são os ministros dessa realeza, que têm de servir e não devem governar."

FERDINAND SAUERBRUCH

Descobri a medicina durante a minha formação básica no exército federal. Antes eu já havia trilhado diversos caminhos de formação. Provindo de uma família de técnicos, havia me formado serralheiro empresarial e então visei um estudo de engenharia. E, para ter mais liberdade na escolha profissional, decidi em primeiro lugar tirar um diploma completo. Aí descobri meus pontos fortes em matemática e economia política e por fim comecei o estudo de política econômica na Universidade de Colônia. Mas isso teve fim no final do primeiro semestre: o governo me colocou a seu serviço.

Durante a formação básica no exército logo percebi que preferia salvar vidas humanas a eliminá-las, e mudei para o serviço médico. Depois da minha formação prática como serralheiro e minha preferência teórica pela economia política, achei finalmente na medicina a bem-sucedida ligação entre teoria e prática. Até hoje valorizo muito, por um lado o fato de a medicina ter uma parte teórica tão significativa, na lida com os numerosos âmbitos que fundamentam o conhecimento, bem como, por outro lado, uma parte altamente prática que encontra sua expressão sobretudo no tratamento dos pacientes.

Percurso da medicina

Depois que tive de lidar com doenças e ferimentos físicos no exército, decidi reunir experiências como enfermeiro na psiquiatria fechada, antes de me esforçar por obter um lugar onde estudar medicina. Com essas duas experiências, no exército e na psiquiatria, estava lançada a base para meu posterior caminho de vida na medicina integral.

Concluí o curso de medicina na Medizinischen Hochschule (Escola Superior de Medicina), em Hannover. Fiz especialização nos âmbitos de hematologia,[1] patologia[2] e medicina legal. Formei-me nesta última disciplina na Universidade de Heidelberg.

Minha formação de médico aconteceu predominantemente no âmbito de internação,[3] acompanhado de formação adicional orientada para a psicoterapia e psicologia. Quando perto da minha clínica de formação ofereceu-se a oportunidade de eu assumir uma clínica médica eu a aproveitei. Montei o consultório transformando-o numa clínica agradável, confortável e ao mesmo tempo tecnicamente muito exigente, orientada para a medicina integral.

Ao lado dos cuidados básicos dos pacientes no âmbito somático[4] e psicossomático, minha clínica oferecia um amplo espectro de internações, entre elas, diferentes procedimentos endoscópicos[5] e exames

1. Hematologia: parte da medicina que estuda os aspectos do sangue e das doenças a ele relacionadas.
2. Patologia: ciência das doenças, principalmente as origens e as modificações orgânicas e anatômicas delas decorrentes.
3. Interno: especialização para doenças internas.
4. Somático: que diz respeito ao corpo.
5. Endoscopia: Iluminação e reflexo de uma cavidade corporal com a ajuda da endoscopia./ Endoscópio: um instrumento ótico inserido numa fonte de luz para exame de órgãos internos e cavidades corporais, bem como exame dos tecidos objetivados.

de ultrassom. Além disso, eu trabalhava como conselheiro médico para uma clínica psiquiátrica particular. À noite eram executadas terapias psicoterapêuticas de grupo. Além disso, depois de formação completa como médico salva-vidas, eu trabalhava com a introdução de diversos meios de salvamento, como por exemplo, helicópteros, motocicletas e carros para emergências médicas.

Impressão positiva

A atividade como médico de uma grande clínica da zona rural levou a uma proximidade maior com os pacientes, apesar do trabalho semanal de 100 horas (ou talvez exatamente por isso), do que costuma acontecer em outras clínicas especializadas. Nesses consultórios rurais o ser humano não é tratado apenas de acordo com os seus sintomas, mas o doente é visto como um todo, o ponto central psicossocial da sua família e de seu âmbito de trabalho. A partir dessa constelação surgiu em mim, depois de breve tempo, a necessidade não só de usar os meios costumeiros da medicina, mas também procedimentos de cura alternativa. Depois de fazer algumas experiências bem-sucedidas com meios naturais e homeopáticos, encontrei um colega numa apresentação de acupuntura da Universidade de Hannover, que me falou sobre resultados sensacionais de tratamento com acupuntura em pacientes com doenças crônicas.

Pessoas com doenças crônicas na maioria das vezes têm uma odisseia de muitos anos de diagnósticos e terapias atrás de si, para então terem de desistir de toda esperança de uma melhora duradoura e cura. Uma situação que, inevitavelmente, também provoca mudanças psicossociais que a medicina tradicional nem sempre consegue resolver. Incapacidade de trabalho, limitações no cotidiano e, não por último, a perda do parceiro de vida, que não consegue mais suportar as circunstâncias de uma doença crônica, são alguns dos fatores que, em sua ramificação, podem levar a um círculo vicioso. Mesmo um médico de família dedicado nem sempre consegue fazer justiça a um desses clientes no contexto de suas possibilidades de médico da Previdência e disponibilidade de tempo. Portanto, fiz minha a impressão positiva do meu colega da acupuntura e procurei as possibilidades de formação nessa disciplina na Alemanha. Como eu não podia aprovar uma formação em várias partes, em finais de semana isolados, decidi-me por uma formação em bloco no centro de instrução de acupuntura chinesa em Pequim, o China Beijing International Acupuncture Training Center [Centro internacional chinês de Pequim de treinamento de acupuntura].[6]

Formação em Pequim

Como médico conservador voltado para o tratamento interno, de início foi difícil para mim integrar-me ao modo de pensar da filosofia chinesa. Eu sempre me surpreendia, especialmente durante o diagnóstico, fugindo para meu procedimento ocidental. Era realmente difícil, por exemplo, diante da suspeita de uma doença do fígado, não tocar logo no ventre do paciente, mas, de acordo com os métodos chineses de exame, tomar o pulso e olhar a língua. Tudo era de certo modo estranho, mas a cada dia os especialistas chineses me mostravam mais uma vez como, do seu modo, se chegava à base de uma doença e por meio de picadas de agulhas se podia influenciar convincentemente doenças sem perspectiva de cura. A segurança com que os professores inseriam suas agulhas infundia respeito. Minha sorte foi poder fazer experiências com o meu mestre, prof. Zheng, um dos mais idosos práticos ainda ativos, que não me impressionou unicamente pelo seu amplo conhecimento e experiência, mas que também chamou minha atenção por uma alegria descontraída na lida com seus pacientes e alunos. Na época da minha formação ele ainda aprontou para cada um dos seus alunos um manuscrito, em que ele não só registrava o co-

6. Acupuncture Institute of China Academy of Traditional Chinese Medicine – WHO Collaborating Centre for Traditional Medicine.

nhecimento transmitido, mas também o desejo de que as capacidades aprendidas fossem levadas para o mundo.

Na Academia em Pequim também conheci um jovem cirurgião suíço chamado Daniel. Ele vivia há alguns meses no setor de residentes da academia e já estava adiantado em sua formação. Sua cabeça estava raspada como a de um monge budista e ele irradiava franqueza e simpatia. Contou que antes da formatura já havia feito experiências de acupuntura com colegas. Isso demonstrava que uma agulha espetada por um leigo também tinha efeito terapêutico. Mas o que o fascinara sobremaneira durante a sua formação na China foi a lida com os efeitos de transferência de energia, como no Tai Chi Chuan ou no Qi Gong, mas especialmente na Acupuntura e na massagem Do-in. No entanto, também nessas duas disciplinas, assim ele me confiou, é possível trabalhar sem instrumentos ou pressão manual, mas simplesmente com a energia transmitida por meios espirituais. Como eu ainda estivesse estarrecido diante dos resultados da acupuntura e do seu diagnóstico, naturalmente achava difícil entender que para esse surpreendente sucesso de cura, em última análise nem eram mais necessárias as agulhas.

Teoria e prática

O cotidiano chinês da formação consistia em reunir experiências em diferentes ambulatórios e com diferentes professores das 8 às 12 horas da manhã; à tarde havia aulas teóricas dadas por especialistas de grande categoria. Isso oferecia à parte prática matinal as melhores oportunidades de ter um diálogo pessoal com os professores chineses. Se a química desse certo, recebíamos deles conhecimento e habilidades que não constavam em nenhum livro.

O ponto alto da formação prática consistia em assistir a um parto por cesariana num hospital. Éramos levados a uma sala sobre o centro cirúrgico, por onde olhávamos diretamente para a mesa de cirurgia através de uma cúpula de vidro. Ali estava deitada uma jovem chinesa, desperta e totalmente consciente, que obviamente esperava que seu filho fosse trazido ao mundo com o bisturi do ginecologista. O espaço cirúrgico se parecia com as minhas conhecidas instalações ocidentais de salas de operação, no entanto chamava muita atenção o fato de quase não existirem aparelhos de anestesia. Em vez disso, o especialista em acupuntura já havia introduzido na pele duas agulhas de cerca de 40 cm, à direita e à esquerda de onde se esperava fazer a incisão (os chineses cortam do osso pubiano até o umbigo, e não fazem como no Ocidente, o "corte do biquíni", transversal, para que várias vias do meridiano sejam separadas.) Adicionalmente, havia agulhas nas mãos e nos joelhos. Todas as agulhas eram guarnecidas de arames, o que permitia concluir que impulsos elétricos através das agulhas eliminavam quase totalmente as dores. Em todo caso, a jovem mãe não apresentava nenhuma reação de dor, visto que se pôde abrir sua barriga e deitar o bebê em seus braços. Posteriormente descobri que além da acupuntura também foram injetados analgésicos. Mas com meros analgésicos não é por certo possível fazer uma cirurgia no ventre aberto com a paciente totalmente consciente. Essa experiência contribuiu sensivelmente para confirmar minha confiança na medicina chinesa.

Sucessos de cura

Chegando novamente em casa, tive a sensação de ter pousado na Terra vindo da Lua, tão estranha era a impressão que a China e sua medicina haviam deixado em mim. Para testar se de fato havia aprendido algo na China e se o que eu aprendera só fazia efeito em chineses, no final de semana seguinte convidei dez pacientes por dia para virem ao meu consultório e os tratei especialmente com acupuntura. E, surpreendentemente, constatei com firmeza: ela funciona! A partir daí a medicina chinesa me cativou inteiramente.

Como base para minhas futuras experiências e sucessos de tratamento não me serviu apenas o que aprendera na China, mas também toda a literatura em língua inglesa disponível sobre o tema da acupuntura e sobre todos os outros assuntos da medicina chinesa (ervas, Tai Chi, Qi Gong, Tuína, dietética). Logo minha fama de médico naturalista se transformou na de médico acupunturista. Enquanto cuidava dos meus pacientes da Previdência num círculo de 15 km, eu tinha pacientes que moravam a mais de 50 km que queriam se tratar comigo. Assim, tive a grande oportunidade de fazer cada vez mais experiências na acupuntura. Perguntas sobre doenças raras e complicadas, que não podiam ser respondidas com literatura, foram respondidas por outras estadias de formação na China. Complementando isso tudo, formei-me tanto na China como na Alemanha com professores chineses em Tai Chi, Qi Gong, medicina com ervas, massagem tuína e em dietética.

Desenvolvimento feliz

No princípio tudo correu bem. Meu espectro de diagnóstico e terapêutica foi perfeitamente completado com a medicina chinesa. Eu tinha pacientes satisfeitos, saudáveis, tratados integralmente – e também socialmente tudo ia bem. Então, certo dia, veio o chamado. Era uma tarde de quarta-feira, um horário em que só raramente os médicos são encontrados em seus consultórios. O telefone tocou. Afinal, a secretária eletrônica estava instalada, e eu só estava lá porque fora buscar minha maleta de emergência para os meus dois grupos de esportes coronários.[7] No entanto, restava-me um pouco de tempo. Assim, tirei o telefone do gancho achando que um dos meus pacientes precisava de ajuda e atendi. Mas não era nenhum paciente que me chamava, mas meu parceiro alemão do contrato com a academia de acupuntura em Pequim. Procuravam um médico-chefe para o hospital Emsländer, onde haviam instalado um setor de medicina chinesa.

7. Grupos de esportes coronários. Grupos de esporte especiais para pacientes com doenças cardíacas./ Coronárias: referentes às duas artérias do coração.

A experiência se mostrava bem-sucedida, mas precisavam de uma liderança alemã experiente que teria a incumbência de fechar a brecha entre a medicina ocidental e a medicina chinesa, entre medicina previdenciária e hospitalar e entre os colaboradores chineses e alemães. Já havia interessados, no entanto, as exigências mútuas eram muito altas e a decisão não fora tomada ainda. Naquele momento eu não tinha consciência de que poderia ser a pessoa certa para essa tarefa. Mas, alguns meses depois, eu tinha um bom contrato de conselheiro no bolso. Um ano mais tarde, meu consultório foi vendido e eu era médico dirigente de um setor chinês em um hospital alemão em Bramsche, com dois professores chineses como especialistas em acupuntura.

Livre do cotidiano de médico clínico, pude concentrar-me totalmente na medicina chinesa. Meu engajamento foi recompensado pelo lado chinês com um título de professor honorário e um contrato de ensino na Alemanha. Para mim isso significou que não só o cotidiano do consultório havia sido dominado, mas paralelamente eu devia estabelecer um instituto de formação. Acostumado à luta solitária, a mera ideia de ensinar sabedoria chinesa para um público acadêmico já despertava suspeitas de tendência a um enfarte do coração. Portanto, para as primeiras apresentações foi necessário que minha mulher sorrisse para mim da primeira fileira e que três comprimidos de Baldrian gerassem um equilíbrio interior. Depois de um curto tempo, por sorte, pude renunciar a essas duas medidas.

Projetos internacionais

O hospital era dirigido pela ordem Johanniter que, além desse pequeno hospital também cuida de mais 20 instalações médicas na Alemanha. O sucesso do setor chinês no hospital de Bramsche fez com que, no contexto da atividade da ordem, fossem esperados projetos relacionados com a medicina chinesa, e depois que estes fossem começados, também mais outros projetos internacionais. Foi assim que, entre outros lugares, o meu caminho me levou [de volta] a Maiorca.

Até então a ilha parecia o local ideal para uma ampliação dos projetos, visto que, por um lado, devido à grande parte de população alemã, ela já dispunha de estabelecimentos dos mais importantes seguros médicos e até mesmo instalações para idosos; por outro lado, a partir das condições climáticas prestava-se à construção de centros de reabilitação, convalescença e instalações de ensino da medicina chinesa.

Um colega de negócios me apresentou um imóvel atraente, outro estabeleceu o contato decisivo com um Mestre de Reiki praticante que morava em Maiorca. O imóvel não correspondeu às expectativas e restava esperar que ao menos o contato relativo ao Reiki fosse produtivo. O amigo de negócios levou-me para o interior do país, onde havia sido planejado um encontro com o mestre de Reiki Norbert Lindner. Depois que nos encontramos no local combinado, ele me levou para a casa dele. Naquela ocasião eu não conseguia fazer muita coisa com o Reiki; afinal, eu era especialista em acupuntura. Mas na primeira tentativa mostrou-se uma base comum de comunicação. Surpreendeu-me demais que esse especialista, vivendo com muita humildade, me oferecesse incondicionalmente seus contatos para algumas firmas de turismo, para eu poder realizar uma ramificação de acupuntura da ordem em Maiorca.

Acupuntura e Reiki

Para me desforrar convidei Norbert Lindner para vir à Alemanha a fim de conhecer meu trabalho na clínica Johanniter. Ele aceitou o convite e, alguns meses depois, veio à Alemanha. Com o consentimento dos pacientes eu o levei comigo nas intervenções terapêuticas e fiquei surpreso com os impulsos sinergéticos[8] que ele pôde oferecer tanto diagnóstica como terapeuticamente. Esse rápido conhecimento fez com que eu lhe apresentasse as especialidades de diagnóstico que eu havia desenvolvido e ele me ajudasse durante vários anos e eu adquirisse conhecimento e experiência sobre Reiki até o grau de mestre.

8. Sinergético: atuando junto, no mesmo sentido.

Esse arranjo foi tão bem-sucedido que ele aceitou minha oferta de apoio na construção de um setor de medicina tradicional chinesa na clínica Sta. Edviges em Berlim, um hospital-escola acadêmico da Charité. Para tanto ele até estava disposto a mudar com sua família de Maiorca para Berlim.

Não foram somente os pacientes que consideraram a combinação da acupuntura e do Reiki um grande enriquecimento; os estudantes que também estavam interessados na medicina chinesa logo aceitaram o Reiki como componente sinergético da medicina oriental. Minha formação de mestre de Reiki naturalmente me deixou curioso sobre as novas capacidades conquistadas. Em algumas situações, em que eu fui confrontado com casos de tratamento médico sem ter comigo as agulhas, fiquei surpreso por ter obtido resultados igualmente bons aos da acupuntura com minha capacidade de aplicar o Reiki. Em geral, tanto antes como depois me senti mais seguro e confortável ao exercer a minha terapia com as agulhas. Como sou perfeccionista, estou convencido de que é melhor para os pacientes quando está presente um especialista adequado para cada disciplina. Portanto, por exemplo, o especialista em acupuntura e o especialista em Reiki. Quem tenta oferecer os dois juntos com perfeição, muitas vezes cai na mediocridade.

Nova autocompreensão

Desde o outono de 2004 sou professor honorário na Universidade de Potsdam e ministro palestras e *workshops* aos estudantes sobre prevenção e reabilitação na disciplina de psicossomática. Aqui psicossomática não significa somente a medicina ocidental, mas também a medicina tradicional chinesa (MTC). Como a medicina chinesa sempre age tomando o ser humano como um todo no que se refere ao diagnóstico e à prática, do ponto de vista psicossomático ela oferece um autoconhecimento que vai além da compreensão da medicina ocidental.

Naturalmente, para isso os pressupostos na MTC também são essencialmente mais favoráveis. Enquanto a medicina tradicional chinesa atual se baseia em mais de mil anos de desenvolvimento, a medicina tradicional ocidental dispõe para esse setor de pouco menos de cem anos. E, no entanto, a psicossomática, como disciplina integral dentro da medicina tradicional, ainda hoje tem de lutar por reconhecimento; realmente um pouco menos, no entanto, diferenças de competência ainda dificultam a decisão terapêutica no leito do doente.

A medicina tradicional chinesa em busca de provas

Há 15 anos ridicularizava-se, na Alemanha, a MTC, de aparência exótica. Ela não era levada a sério pelos médicos porque era usada em sua maior parte pelos agentes de cura. O acesso às provas científicas nas universidades lhes era dificultado devido ao seu *status* não acadêmico. Os poucos médicos que se dedicavam ao assunto vinham predominantemente de seus consultórios e, ao lado de sua exigência básica de suprimentos médicos, não tinham o tempo nem a chance de voltar à universidade para fazer pesquisas depois de se estabelecerem.

Nos últimos dez anos a situação se modificou bastante. Enquanto isso, fazem-se pesquisas em âmbito internacional – na vanguarda estão os chineses e os norte-americanos. Trata-se tanto de pesquisas básicas como também de pesquisa clínica no que se refere à medicina chinesa. Contudo, apesar desse envolvimento, a ciência da Medicina Tradicional Chinesa não é respeitada por todos os Institutos. Assim sendo, um Instituto de testes internacional em Berlim divulgou um livro, em 2005, em que se apresentava o efeito dos procedimentos médicos alternativos. Os resultados foram decepcionantes.[9] A acupuntura

9. Fundação Warentest: *Die Andere Medizin* [A outra medicina], 5ª edição em Setembro de 2005. De acordo com uma nota do Deutschen Ärzteblattes (ano 103, cad.1-2) a fundação Warentest apresentou a correspondente edição do livro. Com isso foi reconhecida a regularização definitiva ao juízo de Hamburgo. A União Alemã de Homeopatia

chinesa não saiu ilesa disso. De fato, os três diagnósticos-padrão dos estudos das grandes empresas de Previdência, ou seja, dores de cabeça, dores nas costas e dores nas articulações, foram consideradas passíveis de serem tratadas com acupuntura pelos resultados dos estudos. De resto, os críticos em geral se apoiavam nos exames do prof. Ernst, da Grã-Bretanha. De acordo com a sua opinião existem muito poucos estudos que bastem às exigências das futuras universidades para provar a eficácia da acupuntura. Eis aí um grande problema.

Diferentes critérios

Enquanto a ciência internacional por via de regra valoriza bastante um design de estudo, o procedimento duplo cego,[10] contém grande número de casos e procedimentos de tratamento isolado, assim esses procedimentos praticamente já são um critério exclusivo eficaz para os exames da Medicina Tradicional Chinesa. Aqui também são bem-vindos grande número de casos, no entanto os estudos do duplo cego e as estratégias de tratamento fixas ou são impossíveis ou impedem o sucesso. Como a MTC se ocupa muito individualmente com as pessoas, com seu equilíbrio interno e alicerce psicossocial, programas de tratamento padronizados naturalmente não trazem sucesso máximo.

---

meopatia (DHU, em alemão) havia dado queixa e recebido o direito. A DHU foi contra as formulações no livro, que despertavam a impressão de que para determinado preparado homeopático ainda havia de acordo com a homeopatia clássica a comprovação de eficácia dos remédios convencionais. A União Central de médicos homeopatas criticou o livro visto que deixava os usuários e os médicos que dispunham de formação adicional em Homeopatia inseguros, pois os apresentava como charlatães.

10. Procedimento duplo cego: procedimento no contexto de um exame científico com inclusão de um grupo de controle. Nem as pessoas em teste nem o dirigente da pesquisa sabem quais pessoas do grupo pertencem aos medicados e quais os grupos de controle. (Um grupo de controle serve ao controle dos efeitos "placebo", bem com os efeitos indeterminados de tratamento como, por exemplo, simples relaxamento. Os integrantes de um grupo de controle só aparentemente recebem o tratamento, ou recebem um tratamento semelhante, ou ficam inteiramente sem tratamento.)

No tocante ao diagnóstico, na MTC vale o seguinte: quanto mais individualmente ele for estabelecido, tanto maior é a perspectiva de um tratamento bem-sucedido. Relativamente à eficácia da MTC, os estudos sobre o duplo cego parecem totalmente impróprios. Além disso, esses estudos, correspondentemente os estudos controlados dos placebos, não podem ser feitos, por motivos éticos. A Medicina Tradicional Chinesa executada profissionalmente tem uma tão elevada média de aceitação, que não deve ficar muito tempo proibida para os pacientes que usam placebo.[11]

Para alcançar tal profissionalismo, no entanto, é necessária uma formação abrangente, na minha opinião por um período de no mínimo 1.000 horas. Além disso, é importante que o agente de cura tenha uma grande experiência. Assim sendo, por exemplo, os especialistas chineses recomendam que se façam em média 10.000 exames de pulsação antes de estabelecer um diagnóstico seguro com base na MTC. Cerca de cinco exames por dia e cerca de 200 dias de trabalho por ano resultam num período de formação de mais ou menos dez anos. Da mesma forma é necessária experiência prática em terapia para se familiarizar com os mais de 1.000 pontos de energia, tanto com vistas à sua localização como também relativamente ao seu espectro de efeito e suas possibilidades de combinação.

A formação em Medicina Tradicional Chinesa

Segundo recomendação da Câmara Federal dos Médicos, há algum tempo, as diversas Câmaras Regionais de Medicina do país se ocupam em integrar a MTC no aperfeiçoamento da formação médica. Algumas Câmaras de Médicos, por exemplo, em Bayern, Niedersachsen e Nordrhein-Westfalen já encerraram esse processo. Infelizmente não

11. Como efeito placebo designamos o fato de as pílulas, os preparados ou outras formas de tratamento levarem a uma melhora da saúde, embora não contenham substâncias eficazes ou elas tenham sido forjadas.

existe uma regularização da parte do governo concernente aos conteúdos do aprendizado, embora a Organização Mundial de Saúde (OMS) em Pequim tenha mandado elaborar um catálogo com diretrizes gerais relativas à acupuntura. Assim sendo, no momento, na Alemanha são necessárias 200 horas de formação para a formação adicional em acupuntura.

Pelo menos, enquanto isso, já se dá mais importância aos aspectos práticos da formação. Assim sendo, em algumas cidades existem os assim chamados médicos com especialização em acupuntura, que ensinam as possibilidades da acupuntura aos seus pacientes em seus consultórios. Mas ao todo, na Alemanha, há muito poucos médicos que se dedicam exclusivamente à acupuntura, sendo que exatamente essa especialização levaria à mais alta qualidade de diagnóstico e terapia. O ideal seria a introdução de um médico especialista em MTC ou em medicina complementar. Seja como for, temo que ainda vá demorar muito até que um especialista como esse possa se estabelecer no sistema alemão de saúde.

No que se refere a essa possibilidade, não quero permanecer inativo à espera, e, portanto, o meu passo seguinte será buscar a formação em MTC nas universidades alemãs, tanto para estudantes, como para médicos já experientes. Nos últimos 20 anos a formação em MTC era dada predominantemente em hotéis, quer na Alemanha quer no estrangeiro. Muitas vezes não era possível reconhecer se o ensinamento ou a recuperação estava em primeiro plano. Além disso, por motivos de maximização dos lucros a formação frequentemente era executada em grandes grupos, em parte com mais de cem participantes, de modo que um diálogo ou uma supervisão era quase impossível. Diante dessas circunstâncias devo dizer que sei valorizar bastante a formação em grupos pequenos, em parte como aula individual da qual desfrutei na China.

MTC e Reiki

Os meus alunos da Universidade de Potsdam, aos quais a formação de MTC já é oferecida, e logo será acessível também aos médicos, têm há alguns anos a oferta de aprender o Reiki. Para esse projeto, Norbert Lindner, com quem trabalho há anos com muito sucesso, colocou-se amavelmente à disposição. Chama a atenção como é grande o interesse com que os estudantes participam dessas preleções e práticas. Eles logo reconhecem que a MTC e o Reiki se completam bem. Como a maioria dos estudantes provém do âmbito da ciência desportiva, eles sabem valorizar muito bem as diferentes possibilidades dessa combinação. Pois a isso pertence, além do tratamento das doenças, também o tratamento dos ferimentos esportivos, que muitas vezes reagem mais depressa e de modo mais agradável à medicina asiática.

No momento testamos as condições para conceber uma disciplina para a formação de terapeuta esportivo, que domine, ao lado da ciência desportiva, das intervenções fisioterapêuticas, também a lida com o Tai Chi, o Qi Gong, o Reiki, a terapia tuína, bem como a acupuntura, a medicina com ervas, o ensinamento da nutrição e a homeopatia. Naturalmente, para mim seria um sonho poder introduzir sob o telhado de uma clínica todas essas ofertas terapêuticas, em sintonia com o diagnóstico e a terapia da medicina tradicional.

Nos próximos anos será necessária uma mudança no nosso sistema de saúde por motivos econômicos. Com isso, a prevenção das doenças receberá uma posição de valor crescente. Com a MTC e o Reiki, hoje parecemos estar à frente da nossa época.

CAPÍTULO 5

"Abrir uma porta para o Reiki!"

Aspectos práticos do trabalho de colaboração com os médicos

Por *Norbert Lindner*

"Quem cura, tem razão."

ANITA BACKHAUS

Além do trabalho de colaboração entre o professor dr. Günter Gunia e Norbert Lindner descrito nos dois capítulos anteriores, existem outros exemplos estimulantes de trabalho de colaboração entre médicos e praticantes de Reiki na Alemanha, publicamente notórios. Assim relata, por exemplo, a *Reiki Magazin*, nos últimos anos, sobre diversas clínicas em que o Reiki é usado como terapia complementar:

- Na *Westfälischen Klinik für Psychiatrie und Psychoterapie* Warstein [clínica para psiquiatria e psicoterapia Warstein, em Vestefália] (WKKP), a mestra de Reiki e professora Margret Brosius, desde maio de 2001 oferece o Reiki como terapia complementar no "*Qualifizierten Drogenentzug*" [abstenção qualificada de drogas]. Além de tratamentos regulares com o Reiki para os pacientes que desejam submeter-se a eles, são oferecidos também seminários de Reiki como aperfeiçoamento da formação dos colaboradores. Os custos são por conta da clínica.[1]

---

1. Veja o artigo "Reiki como terapia complementar em 'Abstenção das drogas', Sylvia-Manuela Regler, *Reiki Magazin* 4/02, p. 12s/on-line em www.reiki-magazin.de, palavra-chave: Archiv.

- Na clínica CGG Mannheimer, centro para ginecologia integral com o ponto de gravidade na oncologia, o Reiki é oferecido como terapia de relaxamento e terapia biológica do câncer. A agente de cura e mestre de Reiki, professora Gabriela Riedig, desde agosto de 2000, complementando as formas de tratamento da medicina tradicional, trata das pacientes com grande sucesso.[2]
- O professor de medicina dr. Frank Daudert, em outubro de 2004, no Igls austríaco, uma clínica de recuperação para pacientes com câncer e doenças crônicas, chamou os pacientes à vida com o uso de terapia integral. Do time fazia parte também a terapeuta de Reiki, Tarja Weber. O Reiki é um componente fixo do plano de terapia e é oferecido a todo paciente da clínica. A oferta sempre é aceita, já se comprovam os primeiros tratamentos bem-sucedidos.[3]

De mãos dadas com os médicos

Além disso, há médicos e médicas que tiveram uma formação no Sistema Usui de Reiki e que introduzem as capacidades aprendidas em seu trabalho,[4] ou então médicos que trabalham junto com praticantes de Reiki. Em Celle, em Hannover, por exemplo, desde janeiro de 2006 existe um trabalho de colaboração entre os dois pesquisadores do âmbito pulmonar, o dr. Bernd-Wolfgang Raack e o dr. Jürgen Pollmann, e o professor e mestre de Reiki, prof. Jerzy Dekowski. Na clínica, Dekowski alugou uma sala de tratamento, onde, em colaboração

2. Veja o artigo "Reiki in der Krebstherapie" [Reiki na terapia do câncer], Iris Röder, *Reiki Magazin* 1/05, p. 24s/ on-line: www.reiki-magazin.de, palavra-chave: Archiv.
3. Veja o artigo "Klinkmodell mit Zukunft" [Modelo Klink com futuro], Iris Röder, *Reiki Magazin* 2/05, p. 18s/ on-line: www.reiki-magazin.de, palavra-chave: Archiv.
4. Por exemplo, a dra. Marion Abeling, prática para procedimentos de cura natural em Bad Soden/Taunus (veja artigo "Reiki e Medicina Tradicional – dois mundos se encontram" de Marion Abeling, *Reiki Magazin* 4/01, p. 44s) e dra. Verena Schmuckermeier, com consultório em Munique – Grünwald (veja artigo "Eine Medizin der Zukunft" [Uma medicina do futuro], de Sylvia-Manuela Regler, *Reiki Magazin* 2/03, p. 19s)/ ambos os artigos on-line: www.reiki-magazin.de, palavra-chave: Archiv.

com os dois especialistas, tratou principalmente de pacientes com câncer.[5]

O Reiki também é usado na medicina desportiva: Assim, por exemplo, a mestra e professora de Reiki Susanne e Jens Kaiser, diretora do Centro de Reiki Bad Rappenau, trataram com sucesso, utilizando o Reiki entre outros métodos, do ex-jogador de futebol alemão Martin Wagner, bem como do time de karatê da Tunísia.[6]

Da mesma forma, o Reiki é usado em numerosos consultórios de fisioterapia, como no consultório de Klaus Hennig, em Berlim. O mestre de Reiki que nos anos de 1960 e 1970 pertencia à elite de esportes competitivos da Alemanha Oriental (mestre europeu de Judô em 1970) oferece hoje aos seus pacientes, entre outros, o tratamento com Reiki.[7]

Experiências em outros países

Há vários anos nos Estados Unidos acontece um trabalho de colaboração entre os médicos e os praticantes de Reiki numa área abrangente, entre outros, em mais de uma centena de clínicas. De acordo com os estudos de Pamela Miles[8] e William Lee Rand[9] o Reiki é predominantemente introduzido para complementar, apoiar e facilitar as medidas da medicina tradicional. O maior papel do Reiki é a diminuição do medo, o alívio das dores e o relaxamento.[10]

---

5. Harbott, Susanne. "Celler Lungenfachärzte arbeiten Hand in Hand mit Reikimeister" em: *Cellesche Zeitung*, 12/1/2006.
6. Veja o artigo "Reiki und Sport" [Reiki e esporte], Jens Kaiser, *Reiki Magazin* 1/03, p. 13s.
7. Veja o artigo "Reiner Zufall!- vom Hochleistungssport zum Reiki" [Mero acaso – do esporte de alto desempenho para o Reiki], Annett Koziel, *Reiki Magazin* 1/04, pp. 14s.
8. Pamela Miles/Gala True: "Reiki – Review of a biofield therapy. History, theory, practice and research" [Reiki – revisão de uma terapia de biocampo. História, teoria, prática e pesquisa], em: *Alternative Therapies* 9, 2, p. 62-72.
9. William Lee Rand: "*Reiki. The healing touch. First and second degree manual*" [Reiki: O toque curativo. Manual de primeiro e segundo graus.] (JRT & Hayashi Healing Guide Edition), Vision Publications, Southfield, MI, 2000.
10. Citado de Moritz Harder: "Zur paranormalen Informationsvermittlung mit Fern-Reiki" [Sobre transmissão de informações paranormais com o Reiki à distância]. Tese inédita, Universidade Philipps, em Marburg, 2003, pp. 17s.

Como técnica integrante sem efeitos colaterais no cotidiano dos hospitais, o Reiki já é usado em todos os âmbitos: nas cirurgias, no pós-operatório, no câncer, no HIV, na asma, na esterilidade, nas dores de cabeça, nas infecções agudas, nas doenças crônicas, na medicina de emergência, nos cuidados aos recém-nascidos, na pediatria,[11] na psiquiatria, na gerontologia,[12] bem como contra os efeitos colaterais dos medicamentos e irradiações.[13] Como efeitos do Reiki também aparecem, além da redução do *stress*, do alívio das dores e do relaxamento, principalmente a aceleração dos processos de cura, a diminuição do uso de remédios, melhora do sono, do apetite, além de uma melhor cooperação e comunicação com o pessoal especializado.[14]

Em outros países, na Grã-Bretanha e na Noruega, por exemplo, há tempos existe um trabalho de colaboração entre os profissionais da medicina tradicional e os praticantes de Reiki (mais informações, veja no Apêndice). Para que também na Alemanha logo haja uma cooperação em base mais ampla, todos os implicados são convidados a se aproximarem uns dos outros.

A seguir, Norbert Lindner, com base em uma experiência de longos anos de colaboração com os médicos, oferece ajuda a todos os praticantes de Reiki que buscam trabalhar ativamente em colaboração com os médicos.

O trabalho de colaboração com os médicos

Advertência: O texto que segue baseia-se nos conteúdos dos meus seminários sobre o tema "Reiki e Medicina Tradicional", especificamente sobre as perguntas que são apresentadas pelos participantes dos seminários. Decidi deixar o texto na forma presente, relacionada com a

11. Pediatria: medicina para crianças.

12. Gerontologia: 1. Atividade da medicina que se ocupa com os processos do envelhecimento do corpo humano. 2. Disciplina científica que tem como objeto o envelhecimento humano em todas as suas facetas.

13. Citado de Moritz Harder: "Zur Paranormalen Informationsvermittlung mit Fern-Reiki". Tese inédita, Universidade Philipps, em Marburg, 2003, pp. 17s.

14. Veja acima.

prática, visto que, conforme pude observar, há muitas pessoas que lidam com os temas abordados em segredo, mas não ousam falar sobre isso abertamente. É principalmente a essas pessoas que eu quero oferecer uma ajuda concreta. Indicações do tipo que esse texto contém são naturalmente a melhor ajuda para conseguir superar a excitação que ocorre de forma muito natural nas primeiras conversas no âmbito profissional.

Com este texto quero lhes dar alguns pontos de apoio importantes sobre como estabelecer o contato com os médicos e como poder explicar o Reiki em poucas palavras. Portanto, apresentarei uma lista, com a qual poderão preparar-se para uma primeira entrevista com um médico. Para tanto, leia as questões que, de acordo com a experiência, são levantadas com mais frequência.

Por favor, não entenda meus conselhos como a "única verdade"; eles têm de ser traduzidos "um por um" para se poder tomar pé do trabalho de colaboração com os médicos. O texto que segue é muito mais uma apresentação dos aspectos importantes para a conscientização dos médicos, sendo com isso uma ajuda concreta.

Dez perguntas

De início quero lhe pedir para responder às dez perguntas por escrito, e imediatamente, antes da leitura do restante deste capítulo. As suas respostas podem ser comparadas depois com aquelas que encontrará no final deste capítulo. Uma tal comparação é muito rica em aprendizado, pois o deixará consciente de muitos aspectos do seu desenvolvimento e modificação pessoais.

Eis aí as dez perguntas – responda-as por escrito com calma, vai demorar cerca de meia hora apenas.

1. Por que deseja oferecer o Reiki em um consultório médico?
2. Qual a importância da medicina tradicional em sua opinião? (Favor dar uma resposta honesta.)

3. Que vantagens e desvantagens o médico terá na colaboração com você?
4. Como imagina concretamente o trabalho de colaboração?
5. Como conheceu o Reiki e qual a motivação com que o pratica?
6. Qual é a sua experiência com o Reiki?
7. O que o capacita a trabalhar com as pessoas doentes?
8. O que é Reiki? (Por favor, uma resposta breve.)
9. Qual é o efeito do Reiki?
10. De onde vem a energia do Reiki?

Importante: Você tem de estar convencido por si mesmo daquilo que oferece. Se tiver dúvidas sobre o Reiki funcionar ou não, ou ainda está pensando se o trabalho de colaboração com os médicos de fato é o seu caminho, então nem busque o contato com um médico. Logo nos primeiros minutos da conversa o seu interlocutor perceberá se está dizendo algo que aprendeu de cor, ou se o Reiki, do modo como você o está apresentando é realmente uma parte da sua vida. Pense, por exemplo, em quantas empresas farmacêuticas oferecem seus produtos aos médicos ou instituições médicas. Os médicos são observadores experientes e, em geral, não lhes causa nenhuma dificuldade dizer "não" a alguém. Portanto, você deve estar o mais preparado possível para os primeiros minutos da conversa.

Na sua opinião, qual a importância da medicina tradicional?

Essa pergunta não lhe será feita pelo médico. No entanto, ele sentirá qual a sua convicção nesse ponto. Há alguns agentes de cura e curandeiros que estão convencidos de que os médicos são sobressalentes em sua atividade, de que todos os medicamentos que não são naturais são prejudiciais e de que toda medida da medicina tradicional pode ser substituída por uma objetiva imposição de mãos ou um tratamento da medicina integral. Se você está convencido disso, com certeza o trabalho de colaboração com um médico lhe parecerá difícil.

Para corrigir essa interpretação obviamente exagerada, pode ajudar manter diante dos olhos os muitos sucessos da medicina tradicional nos últimos duzentos anos, bem como os desempenhos incontestáveis da medicina tradicional, por exemplo, no diagnóstico, no tratamento de doenças agudas, nas intervenções cirúrgicas, bem como nas muitas formas de terapia medicamentosa.

Além disso, na sua primeira conversa com um médico sobre o assunto, você tem de esclarecer por que gostaria de oferecer o tratamento com o Reiki no consultório dele.

Por que você quer oferecer o Reiki num consultório médico?

Você pode responder a essa pergunta, por exemplo, da seguinte maneira:

- Quero oferecer o Reiki no seu consultório porque já percebi, em outros âmbitos da medicina, que os tratamentos de Reiki complementam o tratamento da medicina tradicional, pois podem ajudar os pacientes a ficar em equilíbrio.
- Quero oferecer o Reiki no seu consultório para completar significativamente, com o Reiki, o tratamento de doenças com base psicossomática.
- Quero oferecer o Reiki no seu consultório porque tenho colegas que já o praticam com sucesso, que já adotaram com êxito esse modelo de trabalho conjunto e, desse modo, representam um enriquecimento tanto para os médicos quanto para os pacientes.
- Quero oferecer o Reiki no seu consultório porque nos tempos atuais a descontração e a capacidade de regeneração são importantes para todas as pessoas. E justamente porque para as pessoas doentes, os déficits nesse sentido podem ser compensados por meio do tratamento com Reiki.

Você deve evitar respostas do tipo que segue, mesmo que possam corresponder à verdade por seu conteúdo:

- Eu quero curar.
- Porque meu desígnio é ajudar as pessoas doentes.
- Porque sinto que esse é o caminho certo para mim.

O principal de tudo é você sentir-se bem com as suas respostas. Lembre-se de que toda a conversa se construirá sobre suas respostas. Além disso, você deve estar armado para questionamentos detalhados da parte do médico. Se lhe perguntarem, por exemplo, onde o modelo de colaboração sugerido já é praticado com sucesso, você tem de ter uma resposta concreta (respostas para isso você encontra, por exemplo, no início deste capítulo).

Mais um ponto importante: Sugira sempre tratar os pacientes de cada consultório diretamente. É importante que o paciente permaneça em seu ambiente costumeiro, e também para o médico é importante que o tratamento aconteça nas suas dependências, para que os seus pacientes recebam o tratamento no ambiente habitual de consulta. Por exemplo, eu gosto de estar uma vez por semana num consultório médico, de modo que os pacientes tenham nesse dia a possibilidade de me consultar. Esse procedimento tem-se mostrado adequado.

É importante que coloquem uma sala à sua disposição, na qual você possa fazer o tratamento e manter conversas para obter as informações necessárias. Se isso não for possível, sugira uma cooperação e alugue uma sala nas proximidades do consultório. Nos momentos em que o médico não esteja no consultório, as salas de consulta – é necessário estabelecer confiança – podem ser usadas por você, havendo vantagens econômicas para o médico, nesse caso, graças à divisão das despesas.

Além disso, você precisa de cartões de visita e material informativo, por exemplo, um folheto com qualidade profissional. Em todo caso, aconselho evitar textos copiados a mão, possivelmente em papel colorido. Os cartões de visita, em especial, não devem ser impressos em casa. É claro que isso implicará custos, que, nesse caso, são inevitáveis.

Na elaboração do folheto e dos cartões de visita você deve prestar atenção para que eles não pareçam "esotéricos". Muitos professores de Reiki escolhem para seus folhetos o logotipo de um coração ou desenham mãos, que irradiam energia. Isso não é adequado para uma apresentação no âmbito médico. Em um de meus seminários um participante contou, certa vez, uma experiência em que a recepcionista simplesmente deixou seu folheto de aparência "esotérica" cair no chão, depois de dar somente uma olhadela nele.

Portanto, profissionalmente, exige-se uma produção igualmente profissional e prática do folheto e dos cartões de visita. Muitos conhecem o seu logotipo e, do ponto de vista dos praticantes de Reiki, esses logos também são apresentações maravilhosas. Só que do ponto de vista da maioria dos médicos, pode tratar-se de imagens que transmitem pouca seriedade e profissionalismo.

Isso não significa, entretanto, que os agentes de cura Reiki que não dispõem de material de informação profissional sejam maus agentes de cura. Isso somente significa que os médicos podem chegar a essa conclusão. Pense mais uma vez nas apresentações, por exemplo, dos representantes de laboratórios que oferecem regularmente os seus produtos aos médicos, mostrando catálogos brilhantes e que se apresentam com muita segurança. O médico tem de ser convencido de que estão falando sério.

Na escolha dos consultórios médicos, aos quais deseja oferecer o trabalho conjunto, a primeira e melhor escolha sempre é aquele em que você conhece um membro da equipe. Essa pessoa pode apresentar-lhe o médico. Recomendações de amigos e conhecidos ajudam. O segundo passo para o seu projeto é escolher aqueles consultórios em que já são oferecidos procedimentos de cura natural.

Além disso, você pode procurar outras instituições médicas. Nem todos querem trabalhar em colaboração num consultório médico.

Muitos procuram instalações para idosos, asilos, consultórios de psicoterapia, de acupuntura ou as academias de um hotel. Mas em todo caso recomenda-se: querer estabelecer o contato com um consultório ou instituição sem ter uma sensação pessoal, sem conhecer o médico ou a pessoa dirigente ou sem saber se já são oferecidos procedimentos de cura natural, considero muito difícil e, por isso mesmo, não recomendável.

Se você tiver uma recomendação direta, permita que o seu conhecido ou amigo marque a apresentação. Se ouviu falar da receptividade de um médico aos procedimentos da medicina complementar ou se houver uma opinião geral positiva, fale com os colaboradores do consultório; se for favorável, fale rapidamente com o médico. O período mais favorável é depois das consultas. Então é provável que você tenha tempo para convencê-lo. Por favor, lembre-se de que para uma conversa convincente é importante um traje adequado. Não é preciso usar terno ou vestido. No entanto, a primeira impressão é a que fica.

Qual é o efeito do Reiki?

Para responder a essa pergunta no contexto da medicina de acordo com a experiência é vantajoso observar o aspecto relaxante do Reiki. O Reiki atua no plano corporal como também no âmbito psíquico e isso você pode afirmar da seguinte maneira: à medida que o paciente se sentir interiormente bem, ele também se sentirá fisicamente mais bem disposto.

Fique com a ideia da descontração. Pois somente raras vezes o médico poderá oferecê-la ao paciente. Na maioria das vezes, a sala de espera está cheia, e ao médico restam alguns poucos minutos por paciente. E também existem os pacientes que têm uma doença psicossomática. Colaborando com a medicina, o Reiki oferece aqui uma grande oportunidade. Esses pacientes podem então vir até você.

Explique o efeito do Reiki, por exemplo, assim:

- O Reiki atua principalmente relaxando e ajuda a pessoa a ficar interiormente equilibrada. Você sabe como a força interior e o equilíbrio são importantes para a cura.
- O Reiki atua estabilizando a psique.
- No que se refere à saúde o Reiki atua tanto no plano corporal como no plano psíquico.
- O Reiki atua relaxando tanto o corpo como a psique.

Como conheceu o Reiki e qual sua motivação para praticá-lo?

Muitos praticantes descobriram o Reiki devido a uma doença ou por um difícil golpe do destino, e é importante contar isso aos outros. Não é necessário entrar em detalhes. Ter sofrido algo na própria vida e querer contar às outras pessoas o que fez um efeito tão bom é muito apropriado e, em princípio, esclarecedor. Você poderia expressar isso, por exemplo, da seguinte maneira:

- Devido a uma doença grave descobri o Reiki para poder me ajudar naquela situação. Quando me perguntaram por que me sinto tão bem, comecei a mostrar o Reiki às outras pessoas. Posteriormente, então, decidi-me a ensinar esse método também.
- Sofri um duro golpe do destino e pude sentir como esse método me ajudou a reencontrar minha estabilidade e calma. Isso me convenceu e alegrou de tal forma, que desde então eu divulgo às outras pessoas a possibilidade de se ajudarem.

Além disso, a pergunta também pode ser respondida da seguinte maneira (a relação mencionada aqui atinge muitos praticantes de Reiki):

- Um conhecido meu ajudou-se com o Reiki e fiquei curioso porque não conseguia imaginá-lo. Antes eu quis provar que comigo não funcionaria, mas então fiquei muito surpreso com o efeito. Hoje conduzo seminários porque reconheci que não é só comigo, mas também com outras pessoas que ele atua compensando e relaxando.

Alguém lhe recomendou o Reiki no início e lhe contou suas experiências e sobre isso você também pode falar com o médico na conversa.

De resto, lembre-se de que quando você for falar com o médico ou o dirigente da instituição a quem você quer oferecer o Reiki, na maioria das vezes ele terá atrás de si um longo e cansativo dia de trabalho. Nesse caso pode acontecer de ele não perguntar nada e deixar que você somente fale. Para esse caso é bom ter imaginado um discurso que abranja todos os pontos importantes. Por outro lado, também pode acontecer que lhe façam muitas perguntas. Convém estar preparado para isso também.

Quanta experiência você tem com o Reiki?

Quando você sugere um trabalho de colaboração a um médico ou ao dirigente de uma instituição de cuidados médicos, você deve ter experiência básica com o Reiki bem como na lida com outras pessoas. Isso você também deve revelar na conversa. Manifestações como, por exemplo: "Até agora não pude juntar praticamente quase nenhuma experiência", ou "Estou formado em Reiki há apenas alguns meses" ou "Até hoje só tratei de mim mesmo e da minha família" não demonstram profissionalismo e, de resto, não falam a favor da sua aptidão.

Naturalmente você não precisa ser um mestre professor de Reiki para trabalhar junto com um médico ou, por exemplo, oferecer o Reiki numa instituição para idosos ou na academia de um hotel. Você pode fazer isso já com o 1º ou 2º grau de Reiki, mesmo que ainda não o pratique há muito tempo. Em todo caso você deve irradiar fundamentalmente profissionalismo no que se refere ao Reiki e na lida geral com as pessoas.

Fale sobre a experiência que você já tem com o Reiki. Você pode fazer isso da seguinte maneira:

- Eu pratico Reiki há ... anos e tenho muita experiência.
- Já pude fazer muitas experiências com o Reiki e também já transmiti esse método a muitas pessoas.

- Já passei esse método a muitas pessoas e fiz muitas experiências positivas com isso.
- Já tive muitas experiências com o Reiki e sempre redescubro como o Reiki é importante para a maioria das pessoas na nossa época tão cheia de *stress*. E vejo uma possibilidade de integrar esse método de relaxamento no seu consultório.

Fique tranquilamente na ofensiva. No entanto, não fale sobre um trabalho conjunto logo nos primeiros minutos, isso assustaria o seu interlocutor. Se não houver perguntas, então naturalmente, de acordo com o que preparou, apresente todos os pontos importantes. Por exemplo, mencione que pode pensar em oferecer uma primeira aula de Reiki e, caso seja desejado, também fazer uma palestra para eles, o médico e seus auxiliares, sendo possível também fazer um tratamento rápido.

Se tiver a impressão de que despertou interesse, você deve tentar oferecer ao médico uma experiência curta, direta do tratamento com Reiki. Sem a experiência pessoal ele só poderá recomendar o Reiki com limitações. Para um tratamento rápido eu uso as posições de cabeça. Deitar faz relaxar mais do que sentar-se. Verifique o que é possível.

Como você imagina concretamente esse trabalho de colaboração?

Imagine que o médico e seus colaboradores sejam aqueles que recomendarão o Reiki aos pacientes. Para isso é necessário que os colaboradores e também o médico saibam sobre o que você está falando. Os colaboradores naturalmente seguirão as recomendações do médico e gostarão de ser tratados. Além disso, para o praticante também é interessante e vantajoso quando você oferece esse método de relaxamento no consultório. Em um consultório tenho uma placa na qual está escrito que os pacientes podem diminuir o tempo de espera com um tratamento gratuito de relaxamento com Reiki. Por um lado, isso possibilitou um novo primeiro contato; por outro, à equipe do consultório – por exemplo, para o caso de os pacientes em virtude da longa espera ficarem insatisfeitos – a possibilidade de oferecer a esses pacientes um tratamento de relaxamento.

Quando nesse caso acontece um pedido de tratamento, eu trato os pacientes por cerca de 10 a 15 minutos com Reiki e então pergunto o que ele ou ela sentiram. Por sorte, o efeito de relaxamento dá certo, e o paciente se sente bem. Depois eu explico ao paciente o que é o Reiki e que ele deve considerar fazer um tratamento completo. A partir daí, existe a possibilidade de participar de um seminário em que ele mesmo pode aprender o Reiki, o que permite que ele aprenda a equilibrar a própria energia, bem como a tratar de si mesmo.

Para o caso de você dar seminários de Reiki para os pacientes do consultório em que exerce a sua atividade, esses seminários também deveriam acontecer nas salas do consultório. Pode acontecer que as salas à disposição não tenham a melhor atmosfera para um seminário de Reiki. Então, você terá de criar uma atmosfera compatível pelo tempo que durar o seminário.

Se apresento uma conversa introdutória ou faço um tratamento rápido, faço isso gratuitamente. Dessa maneira também fica mais fácil para o médico recomendar que os pacientes me consultem. Muitos pacientes vêm para se informar sobre o Reiki. Numa primeira conversa, de início dou as informações e depois o tratamento rápido. Para isso reservo até 45 minutos. Dessas entrevistas muitas vezes resultam com frequência outros tratamentos, bem como a participação em um seminário de Reiki. O importante é que você esteja no local. Se forem feitas recomendações e você não estiver no local naquela hora não acontecerá a consulta. Fiz a experiência de que só raramente os pacientes voltam num horário posterior. Os auxiliares deveriam prever um campo para você, na agenda, e planejar as suas consultas. Entregar o folheto e esperar pelas consultas pode ser decepcionante.

É importante descobrir uma combinação que funcione para o trabalho em colaboração, devendo o médico e você decidir a correspondente instalação.

Que vantagens você vê para o médico nesse trabalho de colaboração?

As vantagens que resultam para o médico no trabalho de colaboração com você podem ser assim resumidas:

Uma extensão maior do trabalho e com isso maior rendimento financeiro. Além disso, a possibilidade de poder tratar juntos do paciente de modo integral. Assim, via de regra, cria-se um *feedback* positivo da parte do paciente no que se refere ao grande número de medidas médicas oferecidas e à aceitação delas pelo médico, o que contribui para tornar o consultório mais atraente.

O seu modelo de trabalho conjunto pode parecer assim: um ou dois dias por semana você estará presente no consultório e dará informações gratuitas e tratamentos rápidos para os pacientes que também se interessarem por isso. Se um paciente desejar mais tratamentos, ele pode se tratar com você. Além disso, para ele existe a possibilidade de participar de um dos seus seminários. Os seminários devem acontecer nos finais de semana. O médico não corre nenhum risco, pois você trabalha de forma independente e dispõe do próprio seguro profissional.

O que o capacita a trabalhar com pessoas doentes?

Ao fazer essa pergunta, o médico quer saber qual a sua formação nesse âmbito até o momento. Muitas vezes existe da parte dos praticantes de Reiki um certo receio em responder a essa pergunta, visto que o médico fez um estudo abrangente e uma especialização; um agente de cura também teve de fazer um exame completo de medicina. Eu sugiro que nesse ponto você seja simples. Diga, por exemplo:

Pela redação do decreto da Justiça Federal de 2 de março de 2004, todo aquele que aumentar a força de autocura de uma pessoa, sem estabelecer um diagnóstico ou prescrever medicamentos, tem permissão para tratar das outras pessoas por imposição das mãos.

Não é preciso dizer mais do que isso. Se você tiver uma formação médica, por exemplo, como enfermeira, psicoterapeuta, massagista ou agente de cura, naturalmente deve mencionar isso. Se deseja mencionar alguma formação de curandeiro ou outra formação menos conhecida pela medicina tradicional, ou mencionar isso no seu folheto, fica a seu critério. Pense em que isso também pode melindrar o médico e levar a uma rejeição.

Seu objetivo direto é o início do trabalho de colaboração. Mas mesmo depois de combinarem o que fazer, muita coisa ainda pode acontecer. Há uma bela imagem que ilustra esse fato: a flor nasce de uma semente e primeiro perfura o solo duro com seu fino caule. Só depois ela pode se desenvolver. Impossível querer furar o solo já totalmente desenvolvida.

O que é o Reiki?

Verifique mais uma vez o que escreveu ao responder a essa pergunta no início deste capítulo. Provavelmente, como a maioria, o que aprendeu nos seminários de Reiki e como aparece nos livros modernos sobre o Reiki, algo como: "O Reiki é a energia vital universal. Essa energia flui por tudo o que está vivo."

Se você explicar o Reiki dessa maneira, por exemplo, a um médico, com certeza virá a pergunta: O que é energia vital universal? Responda, portanto, de preferência da seguinte maneira:

- O Reiki é uma força existente na natureza. Observe a energia solar. Se depois de alguns dias de chuva estivermos novamente sentados ao sol, percebemos como captamos sua energia e nos sentimos melhor, como o nosso sistema imunológico se fortalece e aumenta a nossa alegria de viver. Muitos médicos recomendam que as pessoas doentes tirem férias para tomar um pouco de sol. Só que o sol (aparentemente) não brilha sempre. O que não está certo, pois ele brilha sempre. Acontece somente que nem sempre podemos vê-lo ou senti-lo. Mas a força está presente na natureza. E o mesmo acontece com o Reiki. Ele é uma força na natureza que nos permite armazenar energia e nos sentir bem, fortes e equilibrados. Como atualmente já não vivemos tanto em contato com a natureza, infelizmente perdemos a nossa naturalidade. O Reiki nos devolve essa naturalidade – à medida que sentimos o equilíbrio entre o corpo e a psique.

Uma estudante de Reiki, na China, certa vez traduziu os dois sinais que definem o conceito de Reiki para mim, não como "energia vital universal"; no entanto, ela disse que esses sinais também podem significar "energia presente no ar". Visto dessa maneira o Reiki é também uma energia que se encontra no ar.

Muitas pessoas têm dificuldade de imaginar o universo. Para isso eu sempre uso exemplos que são facilmente compreendidos e também podem ser sentidos. Isso torna uma palestra introdutória mais excitante. Você deve se sintonizar com a pessoa em questão e lhe explicar de tal maneira que ela compreenda. Isso parece fácil? Experimente explicar o inter-relacionamento dessa maneira à próxima pessoa que quiser saber o que é o Reiki.

Como surge a energia do Reiki?

Responder a essa pergunta é um pouco mais difícil. Naturalmente, posso dizer outra vez aqui que o Reiki é uma força que existe na natureza. Mas nesse caso ainda resta a questão: de onde vem essa força? Nesse ponto gosto de citar o físico alemão Max Planck. Certa vez ele disse, numa entrevista, que durante toda a sua vida ele procurou essa força. No entanto, toda vez que conseguia explicar uma parte dela, chegava a uma energia ainda maior, que aparentemente mantinha tudo em união e que ele não podia explicar. Nesse ponto gosto de dizer que até hoje ninguém sabe ao certo de onde vem a energia que nos mantém vivos e que, aquele que conseguisse explicar sua origem, realmente já teria um prêmio Nobel nas mãos. Nesse momento, em geral há uma descontração na conversa. Com frequência, chega-se à conclusão de que a questão da origem da força que nos mantém vivos simplesmente não pode ser respondida de maneira clara.

Naturalmente há pessoas que só acreditam no que podem ver e comprovar. A essas gosto de dizer que estou convencido de que se trata de uma coisa como a que sentimos, por exemplo, na surpresa de saber subitamente que a Terra é redonda, ou no conhecimento de que os planetas do nosso sistema giram ao redor do Sol e não ao redor da Terra. Quando a ciência pode provar algo, isso significa que com isso ela prova o que sempre existiu.

Para a maioria das pessoas não basta esse conhecimento como "resposta" à pergunta "De onde vem a energia do Reiki?". No entanto, considere que numa primeira conversa, por exemplo, com um médico, quando se trata de um possível trabalho de colaboração, não é adequado discutir detalhadamente esse ponto com ele. Se não concordarem nesse ponto, examine se o trabalho conjunto ainda é possível. Tenho observado que hoje existem muitos médicos e pessoas que detêm poder de decisão nas diferentes instituições que não conseguem entender muito bem esse ponto, e, assim, não o veem da mesma maneira.

Novas respostas às dez perguntas

Quero sugerir-lhe que responda pela segunda vez às dez perguntas mencionadas no início do capítulo. Reserve uma boa meia hora de tempo para a resposta por escrito. Depois compare as respostas atuais com as de antes. Veja que diferença!

Quer você tenha à sua frente um médico em seu consultório, o médico-chefe de um setor, o diretor, o dirigente social de uma instituição ou a direção de enfermagem: as perguntas que lhe serão feitas são quase idênticas. E você tem a possibilidade de responder a elas de tal maneira que seja possível um trabalho de colaboração. Aproveite-as!

CAPÍTULO 6

O que vale a pena saber sobre o corpo humano

As funções do corpo e as doenças mais frequentes

Por *Norbert Lindner* e *Oliver Klatt*

"A saúde é uma só e existe uma porção de doenças."

WILHELM VON HUMBOLDT

Este capítulo dá uma pequena introdução às diferentes funções do corpo humano, bem como uma visão geral sobre as mais disseminadas doenças físicas; ambos são setores da ciência que devemos conhecer quando trabalhamos como agentes de cura com Reiki, quer em consultório particular ou num trabalho de colaboração com os médicos.

O corpo humano

Um companheiro para a vida – isso é o corpo humano com suas numerosas funções, que são imprescindíveis para a vida aqui na Terra. O texto a seguir deve ajudá-lo a compreender melhor o próprio corpo, bem como a recorrer a esse conhecimento básico no trabalho com os clientes.

As células

Como todas as criaturas vivas também o ser humano é composto de células isoladas, ao todo mais de bilhões em números. As células formam tecidos, bem como os órgãos e os assim chamados sistemas dentro do corpo.

Um tecido é a união de células do mesmo tipo, que atuam juntas para cumprir a mesma tarefa. Diferentes tecidos se unem e formam os órgãos, cada um dos quais tem determinada função a exercer no corpo humano. Por exemplo, assim, células se unem para formar o estômago. Os sete órgãos – estômago, esôfago, intestinos delgado e grosso, fígado, vesícula biliar e pâncreas – formam juntos um sistema: o sistema digestivo. O corpo inteiro se constitui desses sistemas, que assumem cada um uma tarefa importante. A direção desses sistemas passa pelo sistema nervoso vegetativo.

O esqueleto

O esqueleto humano se compõe de 206 ossos. Ele pertence ao aparelho de sustentação e movimentação do ser humano. Pela atuação conjunta dos ossos com a musculatura e os tendões a pessoa consegue ficar em pé e se movimentar. Com a ajuda das costelas, órgãos importantes como, por exemplo, o coração, os pulmões e os rins ficam protegidos. O crânio se compõe de uma capa protetora de ossos e protege o cérebro, especialmente sensível.

Todos os ossos estão interligados por articulações. As articulações importantes são, por exemplo, a dos ombros, a dos joelhos e a dos quadris.

Em virtude da sua formação interior, os ossos têm uma firmeza tão grande que estão em condições de suportar toneladas de peso.

Os músculos

Os ossos do corpo humano não podem se mover por si sós. Para isso precisam dos músculos.

Os mais de 400 músculos do corpo humano podem perfazer mais de 50 por cento do peso corporal. Eles estão unidos aos ossos pelos tendões. Por exemplo, o bíceps, o músculo para dobrar o antebraço, fica de um lado do âmbito dianteiro da omoplata e, do outro lado, um pouco abaixo da articulação do cotovelo.

O sistema nervoso

Para a sintonização dos diversos órgãos e sistemas no corpo humano e entre eles, bem como para a troca entre o organismo e seu ambiente, existe o sistema nervoso. Ele consiste numa organização de células, os neurônios, que criam associações entre eles. Assim sendo, do cérebro podem vir ordens aos músculos, e a atividade dos músculos não sujeitos à vontade da pessoa pode ser dirigida automaticamente.

O sistema nervoso está dividido em dois grandes âmbitos: o sistema nervoso central e o sistema nervoso periférico.

O sistema nervoso central compõe-se do cérebro e da medula espinhal. O cérebro abrange o cérebro e o cerebelo. Enquanto informações como ouvir, ver, cheirar e saborear são elaboradas pelo cérebro, bem como os pensamentos, os sentimentos e os sonhos, o cerebelo é em primeiro lugar responsável pela coordenação dos movimentos musculares. A medula espinhal, que também pertence ao sistema nervoso central, é, por assim dizer, o sistema de distribuição. Ela fica no interior da coluna vertebral, de onde saem os nervos que pertencem ao sistema nervoso periférico.

Assim como o central, o sistema nervoso periférico também consiste de duas partes: o sistema nervoso cerebroespinhal e o sistema nervoso vegetativo. O sistema nervoso cerebroespinhal existe para unir o sistema nervoso aos órgãos dos sentidos e arbitrariamente aos músculos. O sistema nervoso vegetativo, ao contrário, dirige as atividades internas do organismo, como a circulação sanguínea, a respiração e a digestão, bem como o metabolismo.

Os órgãos dos sentidos

Por meio dos órgãos dos sentidos o ser humano entra em contato com o mundo exterior. Tudo o que percebemos do ambiente, nós experimentamos por meio dos sentidos. As impressões captadas pelos órgãos dos sentidos são conduzidas pelo sistema nervoso até ao cérebro, onde as informações que chegam são comparadas com as informações armazenadas e, finalmente, são organizadas. Os órgãos dos sentidos são os olhos, os ouvidos, o nariz, a boca, bem como a pele, que é o nosso maior órgão dos sentidos. Com a ajuda dos órgãos dos sentidos podemos ver outras criaturas vivas e as coisas, como também podemos ouvir, cheirar, saborear e tocar a nós mesmos, sentir frio e calor, bem como pressão e movimento.

Os dentes

Com os dentes a alimentação é preparada na boca para a digestão. Os diferentes dentes têm tarefas diferentes. Os oito dentes incisivos na parte dianteira da arcada dentária existem para cortar e repartir o alimento; eles são apoiados pelos quatro dentes caninos ao lado. Os pré-molares servem para triturar e mastigar o alimento, assim como os doze dentes molares, mais atrás, entre os quais também temos os assim chamados dentes do siso.

Os dentes são extremamente duros; a camada exterior é coberta de esmalte, o material mais duro do corpo humano.

O sistema digestivo

Para captar energia e proporcionar o funcionamento do corpo, o ser humano precisa alimentar-se. Depois de ser partido na boca, o alimento percorre seu caminho através do sistema digestivo, um processo de tratamento que em primeiro lugar possibilita sua absorção. Trata-se de processos físicos, biológicos e químicos. Através do sistema digestivo os hidratos de carbono, as gorduras e a proteína dos alimentos são transformados em substâncias que o organismo pode utilizar. Isso acontece através dos sucos que são liberados pelas diversas glândulas.

Através do esôfago, o alimento chega ao estômago. Ali, com a ajuda do suco gástrico, ele é transformado num bolo alimentar meio líquido. Dali ele passa para o intestino delgado, onde o suco biliar, o suco pancreático e os sucos intestinais são despejados e onde são captadas as substâncias nutritivas dos alimentos. Finalmente, o alimento passa ao intestino grosso, onde é reabsorvida a água da alimentação e as substâncias não digeridas vão formar as fezes.

Além do esôfago, são partes importantes do sistema digestivo o estômago, o intestino, o fígado, a vesícula biliar e o pâncreas. O fígado segrega o líquido biliar, que é armazenado na vesícula biliar e de lá é entregue ao intestino. O suco biliar é imprescindível para a digestão das gorduras. Além da sua importante função no metabolismo do hidrato de carbono, o pâncreas segrega uma substância essencial para a transformação dos alimentos, que contém enzimas importantes.

Os órgãos de excreção

Com a atividade das células surgem substâncias nocivas que não devem permanecer no corpo. A eliminação acontece de quatro maneiras: por meio da respiração, do suor, das fezes e da urina.

Os verdadeiros órgãos de excreção são o fígado e os rins. O sangue, que contém as substâncias nocivas provocadas pela atividade celular, é filtrado pelos rins. Os rins filtram as águas e as substâncias nocivas, retirando-as do sangue. Ao mesmo tempo, recuperam componentes valiosos do sangue e equilibram a economia de água à medida que só eliminam uma pequena quantidade. A urina consiste dessa água, bem como das substâncias nocivas que são expelidas do corpo pelo aparelho urinário. O aparelho urinário compõe-se da uretra, que é um canal que leva a urina da bexiga ao meio exterior, bem como da própria bexiga, em que é armazenada a urina, e dos ureteres, tubos que vão dos rins à bexiga. O fígado cumpre sua tarefa de desintoxicação no âmbito do metabolismo e elimina as toxinas transportando-as pelas vias biliares para o intestino.

O sistema cardíaco e circulatório

Os nutrientes e hormônios são distribuídos no corpo pelo sistema cardíaco e circulatório, assim como são transportadas as substâncias nocivas resultantes da atividade celular. Também por meio desse sistema o oxigênio é distribuído pelo organismo e o dióxido de carbono é eliminado.

Além do sistema linfático, que se compõe de uma série de vias nas quais os linfócitos (que dizem respeito ao sistema imunológico do próprio corpo) são estimulados, a circulação sanguínea representa o papel decisivo para o sistema circulatório.

A circulação sanguínea é mantida em andamento à medida que o coração bombeia constantemente o sangue pelas veias. O permanente bombeamento do coração tem duas fases: primeiro, o curto afrouxamento do coração, quando as câmaras do coração se enchem de sangue. Em seguida, a contração do coração quando o sangue é novamente jogado na circulação. Saindo do coração, primeiro o sangue jorra nos pulmões, onde armazena oxigênio e expele dióxido de carbono. Então ele jorra através do coração, por meio das artérias, até os diversos tecidos e órgãos, que dessa maneira são abastecidos de oxigênio. Através dos capilares, que são vasos sanguíneos de pequeno diâmetro, o oxigênio chega finalmente às células isoladas dos órgãos e tecidos. No caminho de volta ao coração, o sangue pobre em oxigênio e transportando o dióxido de carbono circula pelas veias, e finalmente chega novamente ao coração e ao pulmão, para despejar o dióxido de carbono e captar novo oxigênio. De maneira semelhante ocorre a distribuição das substâncias nutritivas e dos hormônios no corpo, que por sua vez também são transportados pelo sangue.

Um papel especial na circulação sanguínea cabe ao baço. Seu trabalho é selecionar glóbulos sanguíneos vermelhos envelhecidos. Além disso, ele serve como armazém de sangue. Em caso de necessidade, ele pode despejar o sangue que reservou e aumentar desse modo a saturação sanguínea, o que melhora o abastecimento dos tecidos com oxigênio.

A respiração

Por meio da respiração é captado o oxigênio imprescindível para a vida, assim como é expelido o dióxido de carbono resultante da atividade celular.

O órgão central da respiração são ambos os pulmões, que ficam à esquerda e à direita do meio do peito. Ao inspirar, os pulmões direito e esquerdo se enchem de oxigênio. O oxigênio é captado pelos alvéolos do pulmão e conduzido pelo sangue. O oxigênio é então distribuído por todo o organismo pela circulação sanguínea. Desse modo as células recebem o necessário apoio para cumprir suas importantes tarefas: os nutrientes, que também são transportados para as células pelo sangue, são transformados em energia, permitindo que diversos tipos de tecidos sejam criados e continuamente renovados. O resíduo resultante – o dióxido de carbono – é transportado para o pulmão pela circulação sanguínea, de onde deixa o organismo pela expiração.

As narinas são parte do sistema respiratório, o mais importante portal de entrada de ar do organismo, bem como a boca e a garganta, a laringe, a traqueia, os brônquios e, naturalmente, os pulmões. Na respiração também atuam o tórax e a musculatura da respiração, como, por exemplo, o diafragma, a musculatura das costelas e os grandes músculos do peito.

O sistema hormonal

O sistema hormonal, também chamado de sistema endócrino, é o controle interno e o sistema de condução do corpo. Ele determina as funções de cada órgão sobre os outros e mantém o ambiente interno num estado de equilíbrio.

A função dos hormônios é a de mensageiros. Por meio da circulação sanguínea eles chegam aos lugares do corpo onde são necessários no momento. Antes são liberados por diversas glândulas, as assim chamadas glândulas secretoras internas (endócrinas), que espalham os hormônios por meio do sangue. Entre elas estão o hipotálamo, a hipófise, a glândula tireoide, o pâncreas, as glândulas suprarrenais e as glândulas germinativas.

O hipotálamo é uma espécie de central em posição superior, que rege a produção e distribuição dos hormônios em quantidade adequada e sempre na hora certa. A hipófise ocupa igualmente uma posição superior. Ela libera os hormônios que, por sua vez, impelem outras glândulas hormonais a despejar suas secreções. A glândula tireoide controla, principalmente por meio da tiroxina e da calcitonina todos os processos do metabolismo, entre outros também o metabolismo dos ossos. O pâncreas gera sobretudo insulina e glucagon, dois hormônios que influem no metabolismo dos glicídeos. As suprarrenais, duas glândulas menores, liberam dois hormônios distintos: cortisona e aldosterona. A cortisona é significativa para a queima dos carboidratos, das gorduras e para o metabolismo da proteína, e cuida da melhora e crescimento normal dos tecidos. A aldosterona auxilia no equilíbrio da água e do sódio e da eliminação do potássio. A porção medular das suprarrenais segrega a adrenalina e a noradrenalina, que elevam a pressão arterial no caso de grande esforço e logo providenciam a energia necessária. Finalmente, as glândulas germinativas são específicas para os órgãos sexuais. No homem, trata-se dos testículos; na mulher, dos ovários. As glândulas germinativas liberam hormônios importantes para a reprodução. No homem, por exemplo, trata-se da testosterona, que é derramada no início da puberdade e que é responsável pelo desenvolvimento das características sexuais secundárias, como a barba, a voz grave e o desenvolvimento muscular. No início da puberdade da mulher, por exemplo, é liberado o ostradiol, que participa da formação arredondada do corpo e da voz aguda.

Além das glândulas endócrinas, que liberam seus sucos diretamente no sangue, ainda existem as glândulas exócrinas, que segregam seus sucos no sistema digestivo ou na superfície da pele. Entre as glândulas exócrinas está, por exemplo, o pâncreas, que fornece os sucos digestivos ao intestino delgado, bem como as glândulas sudoríparas e as glândulas lacrimais.

O sistema hormonal está em estreita ligação com o sistema nervoso. Enquanto o sistema nervoso é competente para os estímulos externos, aos quais reage de maneiras diferentes, o sistema hormonal está continuamente ocupado em equilibrar internamente as mudanças surgidas na parte exterior.

Os órgãos de reprodução

Como o corpo humano é mortal, para a preservação da espécie humana é necessária a reprodução. Entre os homens isso acontece por vias sexuais.

Os órgãos reprodutivos são muito diferentes em homens e mulheres. O homem possui um pênis, cuja tarefa relativa à reprodução é levar o sêmen para o interior da vagina feminina durante a ejaculação, bem como os testículos, onde os espermatozoides são formados e armazenados. A mulher tem uma vagina com a qual pode receber o pênis do homem, e tem ovários, nos quais os óvulos amadurecem, finalmente são liberados e, então, por meio da fecundação por um espermatozoide masculino, podem formar uma nova célula. Pela divisão surge uma nova criatura humana, que durante uma fase de nove meses cresce no útero feminino, até que abandona o corpo da mãe durante o parto e a partir daí passa a ser uma criatura independente.

Os órgãos masculinos de reprodução são o pênis, os testículos e o terreno adjacente, como a vesícula espermática, o conduto espermático e a próstata. Os órgãos reprodutivos femininos são a vagina, os ovários, as tubas uterinas e o útero, bem como, de certa visão, as glândulas mamárias que produzem leite, o alimento do bebê nos primeiros meses de vida.

O sistema imunológico

O corpo humano dispõe de diferentes mecanismos de defesa para combater os germes de doenças que poderiam entrar no nosso corpo, por exemplo, quando nos ferimos. Naturalmente essa tarefa é executada pelos leucócitos, os corpúsculos brancos do sangue. Estes percebem os germes das doenças e os destroem. Adicionalmente, há medidas como, por exemplo, a vacinação e a seroterapia, que apoiam o sistema imunológico em seu trabalho e o preparam para combater possíveis infecções.

O corpo humano possui um sistema triplo de defesa: de início a pele e as mucosas constroem uma barreira natural contra os germes das doenças. No interior do corpo está o sistema linfático que, com seus anticorpos, produz linfócitos – um tipo especial de glóbulos brancos – que combatem os antígenos nocivos. A terceira barreira é formada pelas células imunológicas, que são os linfócitos B e T, que estão em condições de formar anticorpos específicos para cada tipo de antígeno, dada a capacidade que têm de reconhecê-los.

O sistema imunológico se compõe dos órgãos que têm a capacidade de gerar linfócitos e de armazená-los. Entre esses órgãos estão a medula vermelha dos ossos, a glândula timo e os nodos linfáticos, o baço e as assim chamadas placas de Peyer, um componente da parede intestinal.

Doenças corporais

A segunda parte deste capítulo apresenta uma breve visão sobre as mais frequentes doenças corporais. Se trabalhamos como agente de cura com o Reiki no próprio consultório ou em colaboração com médicos, somos regularmente confrontados com os sintomas de doenças dos pacientes. Por isso é importante estar informado sobre as doenças mais frequentes.

Hoje em dia, muitos pacientes conhecem muito bem seu diagnóstico e na conversa sobre ele usam os correspondentes nomes latinos. Só por isso, além dos nomes em português deveríamos conhecer também as designações provindas do latim das doenças mais frequentes; elas são mencionadas aqui.

Doenças cardíacas / sistema circulatório

A doença cardíaca e circulatória que por certo aparece com mais frequência é a arteriosclerose. Nos países industriais, a doença dos vasos cardíacos (as artérias que abastecem o músculo cardíaco de sangue) é a principal causa de morte a partir dos 40 anos. Fatores estimulantes para isso são o *stress*, o fumo, o álcool, a falta de exercício, a pressão alta (hipertensão), o diabete, bem como a alimentação rica em gordura e colesterol.

A arteriosclerose provém da gordura e dos depósitos de cálcio nas paredes dos vasos sanguíneos. Pelo acúmulo exagerado de gordura e colesterol, com o tempo o diâmetro das artérias se estreita. Finalmente o sangue não pode mais circular em quantidade suficiente, o que, por exemplo, depois de um grande esforço pode causar dores no músculo cardíaco. Desse modo acontece um ataque de *angina pectoris*.

Angina pectoris significa "peito apertado". Isso designa a dor causada pela redução do abastecimento de sangue e também de oxigênio, que surge como um aperto, uma pontada ou ardência perceptível atrás do esterno. Também o frio ou comida muito pesada podem provocar esse acesso.

O ataque de *angina pectoris* pode ser o mensageiro de um infarto cardíaco. No infarto cardíaco o coração não é abastecido suficientemente de sangue e oxigênio. Conforme o tamanho da área atingida, pode levar à morte. Ainda morrem três vezes mais homens do que mulheres de infarto do coração.

Outra doença que aparece com frequência e está relacionada com o sistema cardíaco e circulatório é a hipertensão. Essa doença não é obrigatoriamente diagnosticada logo, razão pela qual fica muito tempo despercebida, enquanto ao mesmo tempo aumenta muitíssimo o risco de um infarto cardíaco. A origem da pressão alta pode estar numa doença orgânica, ou então, o que é predominantemente o caso, acontece como consequência de um incômodo psíquico.

Doenças do sistema digestivo

Uma doença comum do sistema digestivo é a úlcera estomacal (*ulcus ventrikuli*). Os fatores estimulantes são principalmente o consumo exagerado de álcool, o fumo e a alimentação não saudável, o *stress,* bem como uma bactéria chamada *Helicobacter pylori*, que consegue sobreviver no ácido estomacal. Como consequência de um ferimento da mucosa pode surgir um tumor. Este pode se desenvolver através das diversas camadas do estômago (mucosa, tecido conjuntivo e camada de músculos) e até invadir o abdômen. Se a dor se reduzir ao comer, é sinal de que o tumor está restrito ao âmbito estomacal. Mas se a dor se intensificar ao comer, então o problema está no duodeno.

Na sua maioria, as doenças do fígado acontecem em decorrência de infecção por vírus ou devido a maus hábitos alimentares, como alimentação gordurosa demais, bem como pelo consumo exagerado de álcool. O consumo extremamente alto de álcool pode gerar um depósito de gordura e, com isso, a inflamação do fígado (hepatite). Muitas vezes um vírus é o responsável pela inflamação do fígado. Em geral, trata-se da hepatite virótica A, B ou C.

A virose hepática do tipo A está muito espalhada na região dos trópicos. O contágio acontece por via fecal/oral, isto é, o vírus é eliminado com as fezes e por desvios chega à boca das pessoas não infectadas.

A virose hepática do tipo B se transmite por via parenteral, isto é, através do entorno do trato digestivo. Por exemplo, isso pode acontecer numa transfusão de sangue e pelo contato sexual. A hepatite do tipo B é a doença infecciosa profissionalmente condicionada que acontece com mais frequência no sistema de saúde.

O vírus da hepatite C existe no mundo inteiro e, como o da hepatite B, é transmitido parenteralmente. A grande diferença em relação à hepatite do tipo B é que em 80 por cento dos infectados surge o desenvolvimento crônico, que depois de cerca de quinze até vinte anos provoca uma cirrose hepática em 20 por cento dos infectados.

Uma inflamação do fígado afeta a função hepática. Se a inflamação deixar uma cicatriz, os tecidos da cicatriz contraem o fígado (cirrose hepática) e ele começa a encolher. Em geral esse estado não pode mais ser curado. Se o fígado despejar as toxinas que estão destinadas a ser excretadas pela vesícula biliar outra vez no sangue, em decorrência da cirrose hepática, a pele fica amarela; é a assim chamada icterícia.

De resto, o nosso corpo suporta limitações inacreditáveis antes que suas funções sejam perturbadas duradouramente. Assim sendo, por exemplo, nós podemos viver com apenas um dos pulmões ou um dos rins. O fígado precisa estar 70 por cento danificado antes que sintamos alguma coisa. No pâncreas esse valor é de 50 por cento, e só sentimos as doenças dos vasos sanguíneos depois de um estreitamento de 90 por cento. Isso mostra quantas reservas nós temos no corpo. Mas, infelizmente, por isso também, no momento em que os primeiros males nesses âmbitos são percebidos, já existem grandes danos.

Outra doença do sistema digestivo são os assim chamados cálculos biliares. Como são compostos predominantemente de colesterol, na maioria das vezes surgem devido a uma taxa de colesterol muito alta (taxa de gordura no sangue). Entre outras coisas, o colesterol é necessário no corpo para a construção das membranas celulares e da vitamina D. Ele é criado predominantemente pelo próprio corpo (no fígado) e em parte é captado da alimentação. O colesterol que faz parte das gorduras do sangue está contido em alimentos animais; ele está totalmente ausente dos alimentos vegetais. Entre outras coisas, por meio da alimentação incorreta pode-se chegar a uma taxa elevada de gordura no sangue e, possivelmente, provocar cálculos biliares.

As dimensões de um cálculo biliar podem variar do tamanho de um grão de canjica até ao de um ovo de galinha. Se um cálculo entupir as vias biliares, isso pode provocar uma icterícia, porque a vesícula biliar será apertada pelo fígado. Uma icterícia pode ser acompanhada por dores fortes, que começam na parte superior direita da barriga e podem se irradiar até o ombro. Com métodos modernos de cirurgia, os cálculos biliares e também a vesícula biliar podem ser removidos com facilidade.

Hoje têm importância cada vez maior as doenças crônicas inflamatórias do intestino, como a colite ulcerosa e o *Morbus crohn*. Às vezes mal podemos reconhecer a diferença entre elas. Basicamente são classificadas como doenças imunológicas. Como causa original imagina-se que se trate predominantemente de componentes psicossomáticos.

Também a irritação intestinal é uma doença amplamente disseminada. Ela provoca diarreia, prisão de ventre e flatulência; as principais causas são pressão psíquica e o *stress*.

O câncer do intestino grosso é a doença mais frequente nos países industriais, e sua causa pode ser uma doença intestinal inflamatória. Mas entre os fatores de risco estão os pólipos. No contexto dos exames de prevenção, a partir dos 50 anos de vida deve-se fazer um controle regular de fezes e sangue oculto. Muitos tumores intestinais podem ser tocados através do reto, pois eles se situam nesse último trecho do intestino.

Doenças do sistema respiratório

Doenças agudas do sistema respiratório que aparecem com frequência são as inflamações do nariz/garganta e pulmão. Estamos falando de inflamações das fossas nasais e garganta, amídalas ou laringe. A inflamação dos brônquios é bronquite, a pneumonia é a inflamação do pulmão. Uma bronquite pode ser causada pela inalação de fumaça, toxinas, por vírus ou também por bactérias. Pelo incômodo duradouro, por exemplo, a inalação da nicotina, uma bronquite aguda pode transformar-se em bronquite crônica.

Um assim chamado "pulmão empoeirado" acontece quando é diariamente inalada, durante longos períodos de tempo, a menor partícula de uma substância nociva ao corpo. Isso pode acontecer por conta da profissão, por exemplo, quando se inala diariamente partículas de carvão na mineração. As sedimentações ocorridas não podem ser exaladas: elas levam a frequentes irritações cujas consequências são inflamações e cicatrização.

A tosse que aparece leva ao aumento de tensão no pulmão, o que leva a um "excesso de flatulência" da troca de gás (alvéolos). Os alvéolos esticados demais unem-se a outros, porque as paredes dos alvéolos isolados se rompem. Desse modo aparecem buracos nos tecidos pulmonares, o que reduz a troca de gases e leva à falta de ar. (Por troca de gases entende-se a captação de oxigênio do ar para o sangue e a liberação de dióxido de carbono do sangue para o ar.) Se um dos orifícios surgidos no tecido pulmonar atingir a pleura, ele pode romper-se a um esforço maior. O ar jorra para a pleura e o pulmão cede, a pleura entra em colapso (pneumotórax). Um colapso como esse também pode ser provocado por um ferimento externo do pulmão. Não se morre por causa de um pulmão em colapso. Ele tem de ser regenerado aos poucos, por sucção do ar na pleura.

Outra doença do sistema respiratório é a asma. Na asma o estimulador alérgico representa um papel decisivo. Numa reação asmática, os brônquios se comprimem e só é possível respirar com dificuldade. Como há mais força na inspiração do que na expiração (a inspiração acontece ativamente, através da atividade muscular, enquanto a expiração ocorre passivamente, através da elasticidade do tórax), durante o acesso os asmáticos recebem ar, mas não conseguem expirá-lo devido ao estreitamento dos brônquios. Como os brônquios não podem ser mantidos abertos, o ar só sai devagarinho. Além disso, na excitação que acompanha um acesso desses, muitas vezes se inspira mais ar do que o que pode ser armazenado nos pulmões. Isso provoca um tórax estufado e, com isso, falta de ar.

Doenças do aparelho locomotor

A doença mais frequente do aparelho locomotor é a osteoporose. Essa doença dos ossos acontece três vezes mais entre as mulheres do que entre os homens, na maioria das vezes depois da menopausa, o que se relaciona com o hormônio sexual feminino (estrógeno). Os ossos ficam porosos e podem quebrar. O causador é o processo de envelhecimento, no entanto, principalmente também, a falta de exercícios.

Um amolecimento dos ossos (osteomalacia), ao contrário, consiste em falta de substância mineral, principalmente quando faltam cálcio e fósforo no corpo. Crianças da mais tenra idade podem sofrer desse mal.

A palavra "acidente nos discos vertebrais" deve ser tomada literalmente. O disco que fica entre duas vértebras, tem uma capa dura e um núcleo macio. Quando a capa exterior se rompe, o núcleo vesicular se projeta para a frente e pressiona a espinha e os nervos que saem dela. Muitas vezes basta um momento de descontração para que o núcleo caia outra vez.

O nervo ciático é o mais longo nervo do corpo e pode ser irritado ou pressionado pela queda dos discos. As dores que surgem podem ir das nádegas até os dedos dos pés.

Outras doenças do aparelho locomotor são a artrite e a artrose e ambas se mostram nas articulações. Na artrite trata-se de uma inflamação das articulações. Na artrose as articulações também doem, contudo, principalmente, em consequência de fenômenos de desgaste. O reumatismo também tem ligação com a inflamação das articulações. Na maioria das vezes são atingidas várias pequenas articulações, por exemplo, da mão e dos dedos.

Uma doença que merece destaque especial e que apareceu fortalecida nos últimos anos, a fibromialgia, é uma doença conhecida por atacar os músculos e tendões. Supõe-se que seja causada por despertadores psicossomáticos, visto que essa doença muitas vezes está ligada a uma disposição depressiva de ânimo.

Na conhecida ressaca muscular, trata-se de cortes e de pequenas hemorragias causadas pelo esforço muscular exagerado, que causam exclusivamente a dor.

Doenças da pele

Na maioria das doenças de pele existem sintomas: prurido, inchaços, manchas avermelhadas e bolhas, bem como secura, inflamações e umidade. Existem doenças de muitas camadas, o que torna difícil reconhecer qual é exatamente a causa de uma determinada reação cutânea.

No caso da psoríase, trata-se da mais disseminada doença de pele. Depois da irrupção da doença acontece um quadro de males que duram a vida inteira, com graus de gravidade alternados, mais fortes e mais fracos. Podem ir de pequenos focos de psoríase até o comprometimento de toda a pele. Reconhecemos a psoríase pelas manchas vermelhas bem contornadas que surgem acompanhadas por escamas brancas, prateadas. Na maioria das vezes, a primeira irrupção acontece entre os 16 e 20 anos de idade. Uma irrupção mais tardia é rara, embora inteiramente possível. Principalmente atingidos são os cotovelos, a parte da cabeça coberta de cabelos, os joelhos e a região do sacro. A causa dessa doença ainda é desconhecida. Não se exclui uma tendência hereditária, admitindo-se que a doença não é herdada diretamente, mas existe muito mais a disposição para sua irrupção. A psoríase é uma doença imunológica.

A neurodermite é uma doença de pele muito comum, com a qual são confrontados os lactentes. Trata-se de uma alteração avermelhada da pele, que coça muito (eczema). Acontece principalmente nos cotovelos e nas dobras dos joelhos. A pele fica muito irritada e apresenta a mencionada vermelhidão, bem como umidade, escamação e formação de crostas por causa da reação à doença, que leva a pessoa a se coçar com frequência. Entre outras, a causa é uma alergia. Muitas vezes o surto é provocado pela intolerância a certos alimentos. Como acontece com muitas doenças, a psique representa um papel importante no que se refere à sua origem.

Além disso, existe o assim chamado câncer de pele, que, por exemplo, aparece como *basalium*, ou também como melanoma.

O *basalium* trata-se da mais comum espécie de câncer de pele. Aparece principalmente nos locais expostos à luz, por exemplo, no âmbito da cabeça coberta por cabelos, no pescoço, nas orelhas e ao redor dos olhos. Como cresce muito devagar e quase nunca lança metástases é classificado como semimaligno. Se for reconhecido logo, há boas chances de cura.

O melanoma considerado maligno se comporta de outra maneira. Nos últimos tempos ele tem aparecido com frequência cada vez maior e os motivos disso são os banhos de sol cada vez mais prolongados e frequentes em correlação com a perda protetora da camada de ozônio. Dessa maneira, os raios nocivos atingem a pele multiplicados. Os melanomas são muito malignos, pois já começam cedo a criar metástases. O melanoma pode desenvolver-se numa parte saudável da pele e, de início, não tem a aparência de uma doença maligna. Podemos reconhecê-la finalmente por causa do crescimento rápido, por uma pigmentação desigual da pele bem como principalmente pela dor e coceira. Um terreno inflamado avermelhado da pele e uma mudança na pele já demonstram o estágio avançado e a necessidade de exame médico em todos os casos.

Doenças do sistema nervoso

Entre as doenças mais disseminadas do sistema nervoso estão principalmente a demência, o mal de Parkinson, a esclerose múltipla, o mal de Alzheimer, bem como as enxaquecas.

Literalmente traduzida, demência significa "sem mente" e atinge cerca de um quinto das pessoas com mais de 80 anos. Há a perda das capacidades intelectuais conquistadas, bem como uma mudança contundente do ser.

O mal de Alzheimer surge através de uma obscura degeneração da camada cortical do cérebro, que leva a falhas relativas ao passado próximo. No desenvolvimento avançado muitas vezes passa à demência. Presume-se que uma carga elevada de alumínio no organismo pode levar ao Alzheimer e à demência.

No mal de Parkinson, ao contrário, degenera-se uma outra parte do cérebro, que leva ao andar de passos curtos, rigidez dos músculos e tremor. O domínio de tarefas cotidianas torna-se cada vez mais difícil, mas a consciência não está perturbada, o que torna a vida da pessoa ainda mais difícil.

O Alzheimer e a demência acontecem na maioria das vezes em idade avançada, ao passo que o mal de Parkinson já surge entre os 30 e 60 anos. Entretanto, a doença mais frequente entre jovens adultos no âmbito do sistema nervoso é a esclerose múltipla. Trata-se do mal em que acontecem distúrbios ao ver e andar. As consequências são inflamações do nervo ótico com visão dupla e perda do campo de visão, bem como paralisia em todo o corpo. Um surto pode durar várias semanas. Entre eles muitas vezes há semanas ou meses livres dos sintomas. Assim também é possível que doença, uma vez manifestada, nunca mais apareça. É interessante que nos países meridionais (onde o sol brilha muito) há menos casos de esclerose múltipla do que nos países setentrionais.

Atualmente, cerca de 10 por cento da população sofrem de enxaquecas, na maioria mulheres. Os sintomas vão desde enjoos, vômitos, sensibilidade auditiva, suores e tontura até intolerância à luz. Também aqui a causa original não é conhecida. Muitos pacientes conhecem os fatores que provocaram sua doença. Como tais são citados, por exemplo, o álcool (principalmente o vinho tinto), o queijo, o chocolate, nas mulheres a menstruação, bem como os medicamentos (sobretudo a pílula anticoncepcional).

Doenças dificilmente curáveis ou consideradas incuráveis

Não existe nenhuma doença que tenha sido mais longa e intensivamente pesquisada do que o câncer. No entanto, em muitos casos, do ponto de vista da medicina tradicional, ele é considerado incurável. No câncer em geral distinguimos entre tumores benignos e malignos.

Tumores benignos são novas formações de células que, via de regra, crescem devagar e que sabem delimitar-se contra os tecidos ao redor. Eles não se infiltram nos outros tecidos, mas os desalojam. Por isso são chamados de benignos e podem ser removidos independentemente, sem deixar vestígios. Designações dos tumores benignos são, conforme o lugar em que aparecem, por exemplo, o adenoma (nos tecidos glandulares), fibromas (no tecido conjuntivo), lipoma (no tecido adiposo), mioma (no tecido muscular) e pólipos (nas mucosas).

Tumores malignos, ao contrário, são novas formações celulares que se espalham muito depressa e que principalmente destroem os tecidos limítrofes. Eles podem formar metástases que se espalham para bem longe do local primário. Entre as espécies malignas de câncer estão entre outros o câncer do intestino, o câncer do estômago, a leucemia (câncer do sangue), o câncer dos pulmões, da próstata, das glândulas mamárias, os tumores cerebrais, bem como o câncer de pele.

A Aids é uma redução do conceito inglês *Acquired Immuno-deficiency Syndrome*. Isso traduzido significa algo como síndrome da imunodeficiência adquirida. Na doença da Aids trata-se de uma manifestação de uma infecção HIV, portanto, uma infecção com o vírus HI, Imunodeficiência Humana.

O corpo humano se compõe de um sistema de defesa específico e um não específico. O sistema de defesa não específico existe a partir do nascimento e pode agir contra diferentes germes, como bactérias ou vírus. No entanto, ao sistema de defesa não específico não é possível perceber as informações sobre germes que já penetraram no organismo. Essa é muito mais a tarefa do sistema de defesa específico.

O sistema de defesa específico desenvolve, como o próprio nome já diz, um anticorpo específico para cada germe. Informações exatas sobre o germe momentâneo estão armazenadas na memória imunológica e podem ser evocadas. Dessa maneira, os anticorpos necessários podem ser formados rapidamente, para o que estão presentes as assim chamadas células auxiliares, os linfócitos B e T. Justamente essas células auxiliares são destruídas pelo vírus HI. Desse modo, o sistema de defesa específico não consegue mais reagir em caso de necessidade, e a defesa bem-sucedida dos germes fracassa. Por isso a doença Aids é caracterizada por infecções que permanecem ou que voltam. Com frequência também se chega a um caso de câncer.

No diabete, trata-se de uma doença do metabolismo. Normalmente o pâncreas segrega um hormônio que tem a capacidade de diminuir a glicemia no sangue. Esse hormônio é chamado de insulina. No diabete existe um problema relativo à produção, ou seja, à captação desse hormônio pelas células corporais. Diferenciamos entre o diabete do tipo 1 e o do tipo 2.

No diabete do tipo 1, o pâncreas cessa completamente a produção de insulina. Isso provoca uma carência permanente de insulina no corpo, motivo pelo qual são necessárias as injeções de insulina durante toda a vida; portanto, a substância em falta precisa ser artificialmente reposta no corpo.

No diabete do tipo 2, impera uma sensibilidade reduzida à insulina no corpo, isto é, as células corporais que captam da maneira habitual a insulina produzida no pâncreas, se tornaram insensíveis à insulina e, portanto, não captam mais a quantidade necessária.

O desenvolvimento do diabete do tipo 2 acontece devagar e sorrateiramente. Como causa presume-se a alimentação errada. Em consequência da glicemia muito alta no sangue durante anos seguidos, as células correspondentes precisam captar mais insulina, o que finalmente faz com que elas a recusem cada vez mais. Para o tratamento do diabete do tipo 2 no estágio inicial é necessária sobretudo uma alimentação equilibrada e consciente. Só posteriormente são necessárias as injeções de insulina.

Os efeitos corporais do diabete podem ser enormes. Através do prejuízo da irrigação sanguínea arterial podem acontecer cegueira, distúrbio das funções renais, transtornos do metabolismo nervoso, bem como distúrbios da irrigação sanguínea no coração, no cérebro e nas pernas.

As alergias fazem igualmente parte das doenças de cura difícil. Na alergia acontece uma reação exagerada do corpo às substâncias estranhas que, no caso normal, são inofensivas. Muitas vezes trata-se de pólen, poeira doméstica, proteína (presente, por exemplo, no leite e no queijo) ou medicamentos. No primeiro contato com a substância mencionada ela é classificada pelo sistema imunológico como ameaçadora, e são formados os anticorpos. Se acontecerem novos contatos com essa substância, os anticorpos correspondentes são formados mais fortemente. Com isso o sistema imunológico reage com hipersensibilidade, alergicamente. A terapia objetiva diminuir essa reação exagerada.

Proteção energética

Todas as doenças descritas neste capítulo podem ser tratadas com o Reiki em colaboração com as medidas da medicina tradicional. Para muitos praticantes de Reiki, que por frequentes tratamentos com essa técnica possuem um conhecimento intuitivo da existência de campos sutis de energia, é fato que nos trabalhos de cura no campo energético de uma pessoa doente é aconselhável proteger-se energeticamente das influências desses campos. Isso pode acontecer de diferentes maneiras, por exemplo, em geral por uma postura interiormente desperta ou pela execução de pequenos rituais, especialmente antes e depois de um tratamento.

Um belo ritual na medicina é a lavagem das mãos depois do tratamento. Por um lado, isso serve mesmo à limpeza – portanto, à limpeza corporal –, principalmente se houve contato com algum germe. Por outro lado, representa também uma limpeza energética. Ao fazer isso podemos imaginar que todos os incômodos negativos que talvez tenhamos captado são lavados com a água.

Os praticantes de Reiki deveriam pedir métodos de purificação energética especial. Para praticantes do 2º grau existe a possibilidade de aprender como usar o conhecimento para limpeza energética nos seminários. O autotratamento regular com o Reiki é um fator importante, que contribui para a proteção energética geral. Pelo autotratamento diário o praticante de Reiki basicamente está energeticamente equilibrado e fortalecido. A saúde e a força pessoal são a melhor proteção contra tudo o que se pode ter de enfrentar no trabalho de cura com os clientes.

CAPÍTULO 7

Publicações científicas

Os mais importantes trabalhos de pesquisa relativos ao Reiki

Por *Oliver Klatt*, em colaboração com o médico psiquiatra *Moritz Harder*

"O único meio contra a superstição é a ciência."

HENRY THOMAS BUCKLE

Advertência: o conteúdo deste capítulo se baseia em grande parte nas pesquisas do psicólogo Moritz Harder e representa para este livro uma atualização objetiva das partes teóricas da sua ainda inédita tese de doutorado (a parte prática da tese trata de um estudo de Reiki a distância). A tese pode ser obtida diretamente junto ao sr. Harder mediante uma contribuição para os custos de envio (endereço de contato no Apêndice).

A pesquisa ainda incipiente do Reiki

Embora o Sistema Usui de Reiki seja mundialmente conhecido e muitos milhões de pessoas em todo o globo o pratiquem com sucesso há muito tempo, em muitos países ele é tido como "arte popular nº 1", e até agora existem poucos estudos científicos sobre a eficácia terapêutica do Reiki. Isso pode dever-se a que nos últimos anos nem os praticantes isolados nem as ligas nacionais ou internacionais de Reiki tenham procurado ativamente o contato com as instituições de pesquisa científica. Por sua vez, os cientistas que se ocupam com o âmbito da medicina energética, ou seja, da cura espiritual, provavelmente em virtude de o Sistema Usui de Reiki não ter assumido na percepção do público o lugar que na verdade merece há tempos, até agora se dedicaram a outros tipos de imposição de mãos e de trabalho energético.

Basicamente, bastaria que a maioria dos praticantes de Reiki, quando percebessem as experiências que têm com essa prática, falassem sobre elas com algumas pessoas escolhidas de seu círculo pessoal. Para alguns praticantes de Reiki deu certo levar suas capacidades de cura para o local de trabalho, por exemplo, hospitais ou instituições para idosos. Alguns foram tão convincentes e surgiram condições tão favoráveis, que lhes foi aberta a possibilidade de em sua atividade profissional, por exemplo, como enfermeiros ou ajudantes de pessoas idosas, conduzir seminários e realizar tratamentos de Reiki com o apoio do diretor do setor. Além disso, há praticantes de Reiki que buscam ativamente um trabalho de colaboração com consultórios médicos e clínicas e que são bem-sucedidos nisso. Para um crescente trabalho conjunto entre médicos e praticantes de Reiki será vantajoso quando houver muitos trabalhos científicos que comprovem a eficácia terapêutica do Reiki.

Conhecimento claro e evidente

Experiências pessoais de cura, como a palavra já diz, acontecem no âmbito da prática, da experiência. O indivíduo experimenta em si mesmo ou com o terapeuta que acompanha outras pessoas, como a cura acontece e como se recupera a saúde física e mental. E, finalmente, a experiência feita pessoalmente é o ponto de partida para outras ações em cada contexto momentâneo.

Na ciência, no entanto, não basta movimentar-se no plano da experiência pessoal, isto é, conduzir sua ação a partir unicamente da experiência feita pessoalmente. Na ciência a ação tem de se basear no conhecimento, e esse conhecimento tem de ser visivelmente claro. Vale a máxima: "Tenho de compreender o que faço."

Além disso, na ciência vale a afirmação básica da intersubjetividade, isto é, os métodos usados devem ser intersubjetivos, ou seja, ser executáveis por diferentes pessoas. Da mesma forma existe a exigência de que um experimento (ou também o efeito de uma cura) possa ser principalmente repetido.

Para a maioria dos praticantes de Reiki e agentes de cura espiritual esses pontos de vista não ocupam o ponto central da sua ação. Para eles basta basicamente a soma das experiências de caráter pessoal realizadas como direcionamento para as suas ações; um modo de ver que compartilham com muitas pessoas sábias de diferentes religiões e tradições espirituais. No entanto, eu gostaria de dizer que nesse ponto vale erguer um pouco o olhar e voltá-lo para além do campo de visão pessoal, para o grande círculo de semelhantes, para a sociedade, na qual cada um carrega um pouco de responsabilidade,

Temos de constatar que dentro da sociedade em que vivemos, existem procedimentos por meio dos quais se descobre o que é útil para as pessoas em geral, e o que lhes faz mal. Em razão dos resultados desejados na sequência tenta-se reconhecer e incentivar o que é útil no âmbito social e tenta-se reduzir o que é reconhecidamente nocivo. Nos dias de hoje, os mencionados procedimentos correspondem aos conhecimentos da ciência que, na forma pela qual a conhecemos, teve seu início na Era do Iluminismo, duzentos anos atrás.

Percepção, razão, experiência

Para que atualmente um método, um procedimento de ampla base consiga alcançar o reconhecimento social, ele precisa ter percorrido com sucesso os mencionados processos. Por via de regra isso acontece em dois passos: de início, a eficácia terapêutica de um método de cura precisa ter sido suficientemente comprovada por estudos científicos. No segundo passo, têm de ser pesquisadas as causas disso; por fim elas têm de ser claramente evidentes, com base na percepção e na razão. O mesmo vale, por exemplo, para a prescrição dos medicamentos. Para que um medicamento seja licenciado na Alemanha, o fabricante precisa atestar sua eficácia, sua qualidade, bem como não ter medo de provar os benefícios do novo medicamento. Por exemplo, é interessante notar que para um remédio vegetal são feitas menos exigências do que para os medicamentos quimicamente definidos. De acordo com a lei, para licenciar remédios à base de ervas, em palavras simples, bastam experiências feitas há um período reduzido de tempo com as plantas para que os preparados sejam admitidos como remédios.

Se transferíssemos esses pensamentos básicos, por exemplo, para o reconhecimento dos métodos complementares de cura segundo o princípio "quem cura tem razão", seria possível que esse método alcançasse ampla base de reconhecimento social, assim que a eficácia desse método fosse suficientemente comprovada

Mas, a despeito do ponto de reconhecimento: em cada caso a lida com o Sistema Usui de Reiki no âmbito científico levará ao resultado (nesse ponto milhões de praticantes de Reiki em todo o mundo estão seguros/concordam) de que o sistema será reconhecido como útil e curativo para as pessoas. Assim, cada vez mais praticantes de Reiki poderão introduzir suas capacidades terapêuticas nos sistemas de saúde do mundo, seja no contexto de suas atividades em grandes instituições, como hospitais e lares para idosos, suas atividades independentes como agentes de cura ou médicos , em colaboração com os médicos ou na atividade de ensino.

Pesquisa sobre cura espiritual

Além do Sistema Usui de Reiki existem numerosas outras formas de cura espiritual, ou seja, de cura energética. O alcance vai de métodos como a cura prânica, o toque terapêutico e a terapia dos chakras até as formas individuais de imposição de mãos e mesmo o apoio de tratamentos de cura com sons, pedras e aromas.

Uma definição de cura espiritual, que pode ser encontrada no website do *Verbandes Geistiges Heilen* (DGH) [União de Cura Espiritual], diz: "A cura espiritual não tem nada a ver com espíritos nem com santidade. (...) A cura espiritual representa (...) uma atividade de cura com as mãos por meio da capacidade de ativar, dirigir e usar de forma correspondente o *Qi (Chi)*, a força vital universal ou bioenergia a fim de obter outra vez o equilíbrio das energias corporais e estimular a cura em seu sentido integral."[1]

Enquanto até o momento poucos são os estudos científicos sobre a eficácia terapêutica do Reiki, sobre o âmbito geral da cura espiritual, do qual faz parte o Sistema Usui de Reiki, existe uma numerosa quantidade de estudos de grande valor. A visão mais abrangente sobre o tema é dada pelo pesquisador norte-americano Daniel Benor com uma seleção de 191 estudos controlados extraídos de centenas de estudos, que foram feitos nos últimos 30 anos.[2] Desses 191 estudos, 124, portanto 65 por cento, revelam resultados significativos. Os resultados positivos poderiam, de acordo com Benor, com mais frequência ser usados para influenciar as reações elétricas da pele,[3] reduzindo o medo e as dores.

Além disso, Benor constata que dentre os 191 estudos escolhidos por ele, ao todo 21 têm resultados significativos sobre o tema da cura a distância. Ele resume os resultados da sua visão geral; a pergunta se a cura espiritual funciona pode ser respondida com um sim, e os futu-

1. www.dgh-ev.de, citado segundo um texto do dr. Ulrich Klettner.

2. Citação de Moritz Harder: "Para a transmissão de informação paranormal com Reiki a distância" (tese inédita), p.31/ali referência de Daniel Benor, "Spiritual Healing, Scientific Validation of a Healing Revolution", Southfield, MI 2001 (Vision Publications).

3. Também para o exame dos efeitos dos tratamentos com Reiki se oferece o levantamento de parâmetros elétricos da pele, como por exemplo sua resistência ou especialmente a capacidade de condução elétrica. Isso, porque o Reiki presumivelmente produz uma ativação direta das glândulas sudoríparas na maioria das vezes relacionada com o tratamento local associado e /ou o aquecimento geral do corpo (em especial a periferia do corpo normalmente menos irrigada pelo sangue), que então se deixa captar com menos resistência, ou seja, pela maior capacidade de condução da pele.

ros exames poderiam se ocupar aos poucos com as causas originais disso. A cura espiritual parece, de acordo com Benor, ter uma influência geral estimulante da saúde para o organismo como um todo e, além disso, é isenta de efeitos colaterais. Adicionalmente, ele constata que sobre o tema da cura espiritual há mais estudos científicos do que sobre a maioria das terapias complementares (apenas sobre hipnose, acupuntura e psiconeuroimunologia[4] eles são mais numerosos).

Conceitos e inter-relacionamentos

Para quem começa a lidar com os resultados dos estudos científicos, é indispensável familiarizar-se com determinados conceitos e inter-relacionamentos. Além do mais, esse conhecimento é de grande valor nas conversas com os médicos. Se a questão girar em torno de quantas pesquisas científicas existem até o momento sobre o Reiki, bem como os resultados desses estudos é útil ficar conhecendo os seguintes conceitos:

Significância – Esse é um dos conceitos mais importantes para a compreensão das abordagens científicas. Designa a probabilidade estatística de erro de um resultado. Se falamos de um "resultado significativo", a probabilidade de erro relativo ao resultado é de 5 por cento. Se falamos de um "resultado altamente significativo", ainda resta uma probabilidade de erro de 1 por cento. Uma afirmação como "este estudo tem um resultado significativo" significa: o resultado do estudo está estatisticamente comprovado como "seguro". A probabilidade de não ser é de no máximo 5 por cento ("significativo") de no máximo 1 por cento ("alta-

4. Psiconeuroimunologia: ramo de pesquisa relativamente recente, que se ocupa dos inter-relacionamentos das vivências espirituais/psíquicas/emocionais por um lado, bem como do sistema imunológico, por outro. A psiconeuroimunologia é um âmbito de pesquisa plenamente reconhecido pela psicologia e pela medicina. Para o âmbito da cura espiritual esse âmbito só é significativo na medida em que esses métodos e critérios de avaliação também demonstrem efeitos espirituais de cura, tanto sobre a psique como sobre o sistema imunológico, e possam ser examinados.

mente significativo"). Um resultado significativo é a condição para que um determinado resultado seja cientificamente comprovado.

Grupo de controle – Um procedimento na execução de estudos científicos é aquele em que os resultados que se pretendeu obter nos grupos experimentais sob determinadas condições, por exemplo, no tratamento com Reiki, sejam comparados com os objetivados no grupo de controle. Nos grupos de controle devem imperar as mesmas condições que nos grupos experimentais, com a exceção de que no grupo de controle o tratamento correspondente, por exemplo, com Reiki, não acontece. Com base nessa ideia essencial, há três tipos diferentes de grupos de controle: aqueles em que acontece um tratamento com placebos (ou se ministra um medicamento placebo), aqueles em que não há nenhum tratamento (em que não se dá medicamento) e aqueles em que acontece um tratamento semelhante (em que se ministra um medicamento semelhante).

Um grupo de controle serve à verificação dos efeitos placebo, ou seja, dos efeitos dos tratamentos como, por exemplo, o relaxamento simples. Quando se fala em "estudo controlado", está-se referindo a um estudo em que houve um grupo de controle.

Efeito placebo – Designação do efeito que acontece quando o medicamento ou as formas de tratamento levam a uma sensível melhora da saúde, embora não contivesse nenhuma substância ativa ou ela tenha sido apenas mascarada.

Estudo às cegas – No estudo que ocorre às cegas, as pessoas do teste não sabem se estão no grupo experimental ou no grupo de controle. Portanto, elas não sabem, por exemplo, no exame da eficácia dos tratamentos com Reiki, se de fato receberam um tratamento com Reiki, se ele foi apenas simulado para elas ou se receberam uma forma semelhante de tratamento como, por exemplo, o toque terapêutico.

Um estudo às cegas previne efeitos placebo. Ao se falar de um "estudo cegado" com isso se afirma que nele imperam as condições de cegueira ou cegueira dupla.

Estudo do duplo cego – Num estudo feito em condições de dulo cego, vale o mesmo que para um estudo às cegas, só que aqui, além das pessoas em teste, tampouco os condutores do estudo sabem quem pertence ao grupo experimental e quem pertence ao grupo de controle.

Um estudo do duplo cego simula efeitos placebo, bem como efeitos sobre os condutores da experiência. Estamos falando destes últimos quando o condutor da experiência, mais ou menos consciente, influencia os resultados pretendidos por ele.

Randomização – Esse conceito designa a indicação das pessoas de teste para o grupo experimental ou para o grupo de controle por seleção ao acaso.

Esse procedimento serve ao controle sistemático de erros em que podem incorrer os experimentos científicos.

Análise de metas – Aqui se trata de um procedimento estatístico para resumir os resultados de diferentes estudos a alguns poucos valores gerais.

Uma análise de metas possibilita afirmações abrangentes sobre todo um campo de pesquisa.

Publicações científicas – Este é um conceito superior para diferentes formas de divulgação científica.

O cerne da pesquisa científica é formado pelos **estudos**. Trata-se de pesquisas científicas que acontecem sob condições exatas previamente determinadas. Em sua maioria se referem ao exame da eficácia de um método de tratamento ou de um medicamento.

Existem também as assim chamadas *reviews* [revisões]. A palavra inglesa *review*, nesse sentido, significa visão retrospectiva, visão geral, visão global. Uma revisão científica é um artigo mais longo, em parte com um comentário crítico que oferece uma síntese da visão geral sobre um campo de pesquisa e, entre outras coisas, dá os resultados de diferentes estudos sobre esse campo.

Um ***abstract*** **(resumo)** também constitui uma visão geral, no entanto, curta, um resumo de um trabalho maior, como uma palestra ou um artigo. O resumo deve dar uma visão geral sobre a colocação de temas, bem como os resultados mais importantes do trabalho ao qual se refere.

Além disso, há os **artigos** científicos, nos quais em geral, de acordo com os procedimentos do editor, se informa sobre inter-relacionamentos científicos, estudos, resultados, teorias, etc.

Naturalmente, também há os **livros**, que se ocupam com temas científicos de diferentes formas.

Adicionalmente temos de mencionar os **textos inéditos**, que podem estar em estudos, revisões, artigos ou livros. Para esses, não se pode usar o termo "publicação", pois não foram publicados até o momento.

As publicações científicas no campo da medicina dão aos estudantes dessa disciplina a possibilidade de poder entender cada âmbito de pesquisa da sua perspectiva. Desse modo, eles ficam sabendo se podem oferecer o método de tratamento pesquisado, os medicamentos analisados aos seus pacientes. Os médicos precisam de revisões e estudos que lidem com determinados campos de pesquisa da medicina, por exemplo, a pesquisa sobre o Reiki, para poderem sustentar o uso dos métodos complementares, como por exemplo o Sistema Usui de Reiki, sem ficar com a consciência pesada.

Sobre a situação da pesquisa do Reiki

No que se refere à atual pesquisa do Reiki, podemos constatar, como já mencionamos, que ela ainda está engatinhando. De acordo com a visão geral da pesquisa do dr. Moritz Harder, médico e psiquiatra, que nos faz esta apresentação, trata-se de uma primeira arrancada para a padronização e reunião do resultado de diferentes estudos sobre o Reiki. No momento, trata-se sobretudo de descobrir se o Reiki nos estudos controlados se mostra eficaz.

Em alguns anos, de acordo com Harder, assim que houver de 20 a 30 estudos com qualidade aceitável (no momento há ao todo sete estudos que podem ser definidos como aceitáveis quanto às exigências de qualidade) pode-se prever que será possível criar uma primeira análise de metas, em cujo final *esteja* uma força de efeito e um valor significativo para todo o âmbito de pesquisa do Reiki. Uma tal análise de metas, baseada em bons estudos, executada com clareza e calculada de modo conservador, de acordo com Harder, se apresentar um resultado positivo, poderá finalmente ser a primeira ruptura científica para o Reiki.

Procedimento científico

Para a atual visão geral da pesquisa do Reiki, Harder procedeu como segue: entre os mais importantes e diferentes bancos de dados[5] dos pesquisadores desse campo, ele encontrou ao todo 89 publicações científicas com a palavra-chave "Reiki". Entre elas, 16 estudos sobre Reiki e 7 sobre as revisões mais importantes. Além disso, foram levados em consideração dez artigos – entre eles alguns *abstracts* – que estão relacionados com o Reiki, bem como três estudos inéditos, que Harder conhecia de outras fontes.

Para o julgamento da qualidade, bem como dos resultados dos 19 estudos ao todo, Harder considerou os *ratings* [médias] de qualidade e resultado.[6] Além disso, para a avaliação das sete revisões, considerou apenas conteúdos relevantes e as médias dos correspondentes resultados. Para isso, ele desenvolveu um sistema de *rating* provisório e critérios de avaliação significativos, por exemplo, para a qualidade de um estudo como "controle" (trata-se de um estudo com grupo de controle?),"randomização" (as pessoas de teste foram atribuídas aos grupos ao acaso?), "cegueira" (as pessoas de teste não sabiam a qual

---

5. Medline, PSYNDEX, PsycINFO e Web of Science (Data:14/12/2005).
6. *Rating*, palavra inglesa para julgamento, avaliação.

grupo pertenciam?) e "duplo cego" (além das pessoas do teste tampouco os condutores da experiência sabiam a que grupo de testes as pessoas pertenciam?). A partir disso, nas respectivas avaliações havia carências negativas de conteúdo de peso referentes ao *design* da experiência.

Resumo dos resultados da pesquisa

Para conclusões relativas à situação atual da pesquisa no que se refere ao Reiki, Harder se valeu exclusivamente dos estudos publicados que por ele pudessem ser considerados qualitativamente aceitáveis com base nos *ratings* adotados. Assim sendo, ele excluiu de uma interpretação mais acurada os estudos que não estivessem publicados, controlados, randomizados e cegos. Sobraram sete estudos com qualidade aceitável, bem como uma revisão relevante para a pesquisa do Reiki.[7]

O resultado de sua pesquisa é resumido por Harder como segue: "Dos sete estudos qualitativamente aceitáveis publicados, seis foram significativos (86 por cento). Para o *review* de Miles e True (2003) resultou uma fatia de 71 por cento. Essas são porcentagens dignas de nota, que até superam levemente a porcentagem da tendência das costumeiras cotas de pesquisa de cura espiritual. Seja como for, chama a atenção que os valores percentuais apresentados se baseiem em número tão restrito de estudos. Além disso, a circunstância em que os três estudos inéditos conhecidos em geral tenham obtido resultados negativos quanto à possibilidade de uma publicação, mostra a tendência de os pesquisadores só publicarem estudos com resultados positivos. Estudos com resultados negativos, ao contrário, não são publicados, motivo pelo qual os resultados das pesquisas e das meta-análises são sistematicamente interpretadas no seu aspecto positivo.

7. Os sete estudos são os seguintes: Wirth, Brenlan, Levine & Rodriguez (1993), Wirth & Cram (1994), Wirth, Chang, Eidelman & Paxton (1996), Dressen & Singg (1998), Shiflett, Nayak, Bid, Miles & Agostinelli (2002), Mackay, Hansen & McFarlane (2004), Shore (2004), bem como o *review* de Miles & True (2003).

Não obstante, mesmo que incluamos os três estudos inéditos nos cálculos, ainda restam 58 por cento de todos os estudos significativos (11 dentre 19), o que é mais do que o décimo daquilo que por acaso se poderia esperar.

Resultados positivos

Para o frequente argumento contrário à pesquisa da cura espiritual, de que os resultados positivos dos estudos devam ser atribuídos aos erros de método, os quais se desfariam com um controle mais rígido, quase não temos indicações. Se analisarmos todos os 16 estudos publicados sobre o Reiki, 69 por cento deles mostram resultados positivos significativos, contra os 86 por cento entre os sete de qualidade aceitável e 67 por cento entre os três melhores estudos. Aqui também resulta a tendência muito mais de um inter-relacionamento positivo do que negativo entre a qualidade e os resultados dos estudos.

De especial interesse são também os estudos encontrados sobre Reiki a distância, visto que nestes, na medida em que são suficientemente bem controlados, sempre existe a questão junto ao estado da prova – se no Reiki de fato há forças paranormais bem como uma abrangente energia vital em ação, ou se tem a ver antes com mecanismos convencionais explicáveis como dedicação social, contato físico ou efeitos placebo. Dos seis estudos publicados encontrados sobre o Reiki a distância, cinco (83 por cento) indicam resultados significativos. Se analisarmos somente os quatro qualitativamente aceitáveis, respectivamente os dois melhores sobre Reiki a distância, então em ambos os casos são até mesmo 100 por cento. Os estudos sobre Reiki a distância com isso não ficam atrás dos estudos de Reiki-I, mas indicam resultados comparáveis, se não melhores.

Resumindo, podemos dizer que a posição da pesquisa até agora dá indicações da eficácia do Reiki, tanto no tratamento direto como no tratamento a distância, que devem ser levadas a sério. Ao todo, encontraram-se sete estudos de qualidade aceitável, dos quais seis (86 por cento) apresentam resultados significativos. Por um lado, aqui parece haver um inter-relacionamento positivo entre a qualidade dos estudos e os resultados (o que sustenta os resultados); por outro lado, também entre os resultados positivos e a probabilidade de publicação (o que torna os resultados relativos outra vez). O grande lapso da pesquisa do Reiki nos dias de hoje deveria consistir menos no fato de não poder comprovar os possíveis efeitos, mas muito mais no fato de haver, até o momento, muito poucos estudos qualitativamente aceitáveis em que isso realmente tenha sido experimentado."[8]

Fontes científicas isoladas

Advertência: Estudos científicos na maioria das vezes transmitem toda uma série de resultados, que muitas vezes se relacionam com diferentes questionamentos. Na presente visão de conjunto da pesquisa trata-se da questão básica se o Reiki se mostrou realmente eficaz nos estudos controlados. Para poder dar uma declaração resumida a esse questionamento em cada estudo, Harder, na medida em que foi necessário, a cada vez fez uma adaptação de cálculo do nível de significância.[9] A consequência disso é que por estudo não mais tantos resultados se mostram significativos, mas, em compensação, um único resultado significativo basta para se poder dizer que o estudo como um todo confirma a eficácia do Reiki. Quando no que segue se falar de resultados e, respectivamente, de resultados depois da adaptação do nível de significância, os resultados do estudo podem, portanto, sempre ser contemplados como positivos, mesmo quando depois da adaptação do nível de significância restar apenas uma grandeza de significância.

8. Moritz Harder, correspondência pessoal 2006.

9. Para a adaptação do nível de significância, Harder usou a forma de correção relativamente conservadora de Bonferroni, em que o nível de significância a ser anexo é dividido pelo número dos cálculos de significância com vistas ao questionamento.

No que segue vai o resultado de todas as 36 fontes científicas isoladas analisadas mais de perto por Harder:

Estudos sobre tratamento direto com Reiki

Wetzel (1989): Analisou-se a influência das iniciações e formação do Reiki-I em dois exames de sangue em participantes dos cursos de Reiki-I. Depois da formação, os 48 participantes mostraram elevação significativa dos valores medidos. Os valores do sangue de dez participantes de um grupo de controle, que não tomaram parte na formação e ainda não haviam passado pela intervenção habitual, ao contrário, não apresentaram nenhuma modificação.

Brewitt, Vittetoe e Hartwell (1997): Foram examinados cinco pacientes clínicos, que no decurso de nove semanas receberam o tratamento com Reiki. O estudo abrangeu a resistência da pele bem como a rapidez da reação cutânea em 40 pontos antes do primeiro tratamento, depois do terceiro e depois do nono tratamento. Em virtude das escassas informações constantes do *abstract*, que era o único à disposição para informação sobre o correspondente estudo, os resultados não puderam ser interpretados com clareza.

Olson e Hanson (1997): Examinou-se o efeito de diminuição da dor, com o Reiki como medida complementar na terapia das dores com opiáceos.[10] Olson e Hanson constataram numa experiência com 20 pacientes que por diversos motivos sofriam de dores crônicas, diminuições altamente significativas das sensações subjetivas de dor. A medição foi feita diretamente antes e diretamente depois de 75 minutos de tratamento com o Reiki. Os tratamentos de Reiki foram ministrados como tratamentos diretos por uma agente de cura que dispunha do 2º grau em Reiki, numa atmosfera tipicamente adequada a essa prática.

Crítica: A falta de um grupo de controle numa experiência com descontração, trabalho corporal e música, que ao todo já são poten-

10. Opiáceos: analgésicos.

cialmente diminuidores da dor, não permite conclusões da eficácia diferenciada dos tratamentos com o Reiki. Renunciou-se igualmente a uma elevação dos efeitos do Reiki a longo prazo.

Dressen e Singg (1998): Dividiram 120 pacientes com dores crônicas e com diferentes históricos médicos aleatoriamente nos quatro grupos seguintes: "Reiki", "Relaxamento progressivo dos músculos", "Nenhum tratamento" (as cobaias ficaram lendo no escritório de Dressen) e "Reiki-placebo" (os agentes de cura impõem as mãos sem jamais terem feito uma iniciação de Reiki). Algumas intervenções tinham uma extensão de dez sessões de 30 minutos. Das doze medições, por um lado no âmbito da dor, por outro no das variáveis psicológicas como medo e depressão, dez apontaram resultados significativos. Os tratamentos de Reiki nas três condições de controle, também depois da adaptação do nível de significância, em seis dos doze casos foram significativamente superiores. Os três grupos de controle não apontaram nenhuma diferença significativa entre eles.

Wardell e Engebretson (2001): Examinaram os efeitos de um tratamento de Reiki de 30 minutos em 23 pessoas sadias quanto a nove parâmetros de descontração psicológica e bioquímica até a redução de *stress*, bem como do nível atual de medo. Três das dez medições mostraram alterações significativas; depois da adaptação do nível de significância, mais uma.

Shiflett, Hayak, Bid, Miles e Agnostelli (2002): Num estudo aleatório duplo cego controlado por placebos, os autores examinaram 50 pacientes que haviam tido ataques de apoplexia, sob uma das quatro condições: "tratamento de Reiki por um mestre de Reiki", "tratamento de Reiki por um aluno de Reiki do 1º grau", "tratamento com placebo", "nenhum tratamento". Os três grupos de tratamento, que se compunham de dez participantes de cada vez, no período de quatro semanas e meia receberam dez tratamentos de 30 minutos. Foram medidos os efeitos do tratamento, entre outros, diante de um inventário-padrão de reabilitação e uma escala de depressão. Os resultados não foram significativos.

Como se pode ver na publicação, os "tratadores placebo" juntamente com os "alunos de Reiki de 1º grau" tomaram parte num curso de Reiki-I antes do início da série de tratamentos. Sob condições às cegas, realmente metade dos participantes recebeu a correspondente iniciação no Reiki-I, a outra metade, não. Através da condição às cegas, com a qual os participantes do curso haviam previamente concordado, eles não conheciam a duração desse estudo, não sabiam se receberiam ou não as iniciações. Assim sendo, no restante do decurso da experiência, enquanto tratavam as pessoas do teste, eles também não sabiam se davam um "autêntico tratamento Reiki" ou "tratamento Reiki com placebo". Do ponto de vista do método da experiência, com esse procedimento é solucionado um dos maiores problemas no exame de tratamentos diretos com Reiki. Pelo contato direto entre o tratador e a pessoa do teste, é relativamente difícil criar condições simples de cegueira, uma vez que as pessoas do teste podem desenvolver um faro aguçado para o fato de um tratamento ser autêntico ou não. A condição básica do duplo cego do ponto de vista do método de pesquisa (nesse caso isso significa; tratamentos diretos nos quais o tratador também não sabe se está dando Reiki ou não) representam, ao contrário, desafios experimentais técnicos, que só puderam ser dominados com o *design* de pesquisa apresentado aqui. Assim, nas experiências mostrou-se também que os tratadores não estavam em condições de descobrir se pertenciam ao grupo de Reiki autêntico ou apenas aos grupos de Reiki com placebo.

Crítica: Mesmo que os participantes do curso concordassem previamente com as condições de cegueira e aqueles que não haviam recebido iniciações depois do término do curso fossem iniciados no Reiki, aqui de certa maneira se lida com o processo da iniciação que a nós – os autores deste livro – não parecem adequados. Nós entendemos o processo de iniciação na energia vital universal do Reiki como um procedimento da parte do mestre iniciador, que deve estar embasado numa motivação pura, justa, com vistas ao objetivo único dessa iniciação, colocar os participantes do curso numa ligação profunda com a energia vital universal. Da parte dos participantes do curso deve haver também uma motivação justa e correta de querer receber essa ligação profunda com a energia vital universal. Estabelecer condições nesse contexto leva a que os participantes do curso não saibam se durante os rituais que acontecem no curso as iniciações ocorreram, se eles vão ser iniciados ou não; do nosso ponto de vista, isso faz com que essa base não seja mais adequada. Aqui tampouco nada se modifica, pois aqueles participantes do curso que não receberam nenhuma iniciação no início, serão iniciados no Reiki depois do final da experiência.

Olson, Hanson & Michaud (2003): Examinaram ao todo 24 pacientes que sofriam de dores em virtude de um câncer em estágio avançado. Os pacientes foram distribuídos aleatoriamente num grupo experimental (tratamento-padrão com opiáceos + duas vezes uma hora e meia de Reiki), e um grupo de controle (tratamento-padrão com opiáceos + 2 vezes uma hora e meia de Reiki deitados descansando). Como critérios de medida foram estabelecidos: intensidade da dor, pressão sistólica e diastólica, pulso e frequência respiratória diretamente antes e diretamente depois de ambos os tratamentos (no primeiro e no quarto dias), bem como qualidade de vida (psíquica, social e física), comparação da intensidade das dores e uso de analgésicos em comparação do primeiro ao sétimo dias. De um total de 15 avaliações, em 15 testes isolados, 5 foram significativas. Depois da adaptação do nível de significância ainda restaram duas, exatamente a sensibilidade à dor depois do segundo tratamento, bem como a disposição depois de sete dias.

Mackay, Hansen e McFarlane (2004): Examinaram 45 pessoas num estudo cego simples testando os efeitos de meia hora de tratamento com Reiki considerando os sete parâmetros do sistema nervoso autônomo (entre outros, pulso, pressão sanguínea e frequência respiratória). As pessoas do teste foram divididas em três grupos ao acaso: um grupo Reiki (tratamento Reiki por uma tratadora experiente sem contato direto/nenhum tratamento Reiki a distância!), um grupo de controle placebo (os tratamentos Reiki foram imitados por uma mulher não iniciada em Reiki) e um grupo de controle sem tratamento (as pessoas testadas ficaram tranquilamente deitadas por 30 minutos). Alguns experimentos foram realizados num aposento tranquilo de uma clínica. Uma especialidade do estudo é a medição de parâmetros autônomos durante um tratamento em curso. Os resultados: a comparação dos valores básicos com os valores médios durante as intervenções, seis parâmetros foram significativos para o grupo Reiki, quatro para o grupo de controle com placebos, e nenhum dos sete parâmetros para o grupo de controle sem tratamento. No entanto, o resultado principal desse estudo consiste na diferença final entre o grupo de controle com placebo e o do grupo Reiki. Esta foi significativa para dois dos sete parâmetros (pulso e pressão diastólica). Depois da adaptação do nível de significância só o resultado do pulso continuou significativo.

Barnett (2005): Na sua tese de doutorado, pesquisou os efeitos de ministrar o Reiki sobre a própria vivência do *stress* e do bem-estar. Para isso, aleatoriamente, 48 pais sob *stress* geral foram divididos em dois grupos: uns receberam iniciações no 1º grau de Reiki, os outros receberam "iniciações aparentes". (Citação: "[...] os participantes foram destinados ao acaso a receber o Reiki do nível 1 ou o Reiki limitado antes da participação numa classe de Reiki.") Algumas pessoas do teste trataram tanto a si mesmas bem como a seus filhos com Reiki nas seis semanas seguintes, respectivamente com o "Reiki aparente" e anotaram o resultado dos tratamentos. A vivência do *stress* assim como o bem-estar no sentido mais amplo foram registrados num questionário diretamente antes, bem como três e seis semanas depois da iniciação e da "iniciação aparente", ao todo, em sete âmbitos. Cinco dos sete âmbitos mostraram efeitos positivos significativos tanto para o grupo experimental como também para o grupo de controle. Entre o grupo experimental e o grupo de controle não houve diferenças significativas.

Crítica: Como assinalamos no estudo de Shiflett, Nayak, Bid, Miles e Agnostelli (2002), nós – os autores deste livro – achamos inadequado qualquer lida com o processo de iniciação na energia vital universal do Reiki, que, mesmo que somente periférica sirva a um outro motivo além da união pura com a energia vital universal. A partir disso, alertamos para o perigo de campos perturbadores de energia, os quais, do nosso ponto de vista, se relacionam com as assim chamadas "pseudoiniciações", em razão da motivação irrenunciavelmente impura que se manifesta no mestre que dá a iniciação (com o objetivo de enganar os participantes do curso relativamente ao procedimento da iniciação).

Potter (2005): Examinou o efeito de diminuição do *stress* com Reiki sobre as mulheres que se submeteram a uma biópsia do seio[11] e que, em virtude da possibilidade de um diagnóstico de câncer, estavam entregues a um *stress* emocional. 32 mulheres foram aleatoriamente divididas num grupo de tratamento Reiki (17 pessoas de teste) e um grupo de controle sem tratamento (15 pessoas). O grupo de controle recebeu cuidados normais, o grupo de tratamento recebeu um tratamento Reiki padronizado na semana anterior e na semana posterior à biópsia. Os efeitos foram registrados num questionário e comprovada sua significância. Constatou-se que os valores de *stress* no final do estudo não se diferenciavam no grupo de controle dos valores originais – as pacientes surpreendentemente nem sequer reagiram com *stress* emocional à biópsia como se pôde ver no questionário usado. Consequentemente, também para os tratamentos com Reiki não se manifestaram efeitos de redução do *stress*.

11. Biópsia do seio: retirada de tecido do seio para fins de exame, por exemplo, de câncer.

Estudos sobre o tratamento com Reiki a distância

Schlitz e Braud (1985): Examinaram, num estudo aleatório controlado duplo cego, se a uma distância de 20 metros da pessoa do teste era possível constatar uma diferença da resistência da pele entre os períodos alternados de envio do Reiki a cada 30 segundos e os períodos de controle sem tratamento. Ao todo, de três pares de emitentes e receptores, a cada vez foram feitas cinco experiências em 10 períodos de emissão e recepção, portanto, ao todo 150 períodos de controle. Os resultados não foram significativos.

Crítica: Devido ao período extremamente curto do envio, que não faz justiça à prática do tratamento com Reiki a distância, a pesquisa foi muito prejudicada. Pela duração muito curta do período de emissão aconteceu que, pela circunstância, o Reiki foi examinado mais ou menos superficialmente no contexto de uma série mais abrangente de experimentos parapsicológicos, sem que o esboço da experiência fosse adaptado às exigências específicas dos tratamentos com Reiki. (O estudo é de 1985, quando o Sistema Usui de Reiki ainda engatinhava no mundo ocidental. Assim, talvez se possa explicar por que os praticantes de Reiki, dos quais se poderia esperar que chamassem a atenção dos cientistas para a insensatez de um tal modelo de pesquisa do Reiki, tenham participado do estudo. No estudo também se diz que os participantes praticantes de Reiki "entendiam sua participação mais como um jogo do que como um teste das suas capacidades de Reiki".)

Wirth, Brenlan, Levine e Rodriguez (1993): O objeto do estudo duplo cego controlado, aleatório foi a intensidade da dor de 21 pacientes que, em duas cirurgias separadas tiveram seus dentes do siso arrancados, sendo que somente depois de uma das duas cirurgias se tratou a distância de alguns quilômetros (seis vezes de 15 a 20 minutos de Reiki e LeShan,[12] alternados a cada hora). Os critérios de medida eram duas diferentes escalas da sensibilidade subjetiva à dor

12. LeShan: remontando ao método de cura espiritual a distância do dr. Lawrence LeShan.

(intensidade e alívio). Para ambos os critérios de medida os valores do grupo experimental foram significativamente superiores aos do grupo de controle.

Wirth e Cram (1994): Examinaram com esse estudo duplo cego controlado, aleatório oito parâmetros autônomos e do sistema nervoso central de 21 pessoas de teste saudáveis, sentadas eretas em cadeiras sem encosto. Cada pessoa testada passava durante o dia por dois processos de duas vezes 5 horas, a 30 minutos dos quais uma servia de controle e uma como passagem experimental com 15 a 20 minutos de Reiki e LeShan (simultaneamente). Um interessante efeito colateral do estudo é que o resultado dos tratamentos a distância com o início do tempo de emissão puderam ser medidos com exatidão de minutos e aumentavam continuamente, enquanto que, de 4 a 5 horas depois, só 20 por cento das pessoas testadas mostraram valores alterados. No resultado houve diferenças altamente significativas entre os valores do grupo experimental e os do grupo de controle.

Wirth, Chang, Eidelman e Paxton (1996): Examinaram, num estudo-piloto (controlado, aleatório, duplo cego) sete valores sanguíneos em dois pontos de medição em 14 cobaias humanas. Os participantes da experiência atuaram como seu próprio grupo de controle, à medida que cada um participava da experiência durante 1 hora, com intervalo de 24 horas entre uma e outra: somente um dos participantes era tratado com Reiki a distância numa das experiências. A cada experiência eram colhidas três amostras de sangue. A primeira para determinação dos valores iniciais, a segunda depois de 30 minutos e a terceira depois de 60 minutos. Os participantes eram tratados duas vezes durante 15 minutos de cada vez por tratadores de Reiki, LeShan, toque terapêutico e Qi Gong, sendo que os primeiros a algumas milhas de distância, os últimos por trás de um espelho de iniciação. Infelizmente, aqui não pôde ficar totalmente excluída a possibilidade de a pessoa testada ter impulsos auditivos e visuais dos tratamentos que estão acontecendo. Para três das 14 medições o resultado foi uma diferença significativa entre as condições de experimento e controle. Depois da adaptação do nível de significância, uma das medidas se mostrou significativa, exatamente a de açúcar no sangue, depois de 60 minutos.

Wiesendanger (1999): Fez um estudo aleatório controlado com 55 agentes de cura espiritual e 119 doentes graves sob terapia, em que talvez um quarto dos agentes de cura trabalhava com Reiki a distância. Além de outras formas de cura espiritual, o Reiki era usado no assim chamado "grupo anônimo" (30 pessoas de teste) em que não havia nenhum contato entre pacientes e agentes de cura, no entanto os pacientes sabiam que estavam sendo tratados. Como outros grupos experimentais havia um "grupo de contato" (20 pessoas) e um "grupo amuleto" (10 pessoas) em que não se trabalhava com Reiki, bem como um "grupo de controle de espera" (59 pessoas). Para exame da hipótese como única medida foi usado o resultado geral de um questionário sobre a qualidade de vida subjetiva respondido por todos (MOS SF 36). Os resultados: o grupo geral de tratamento (todos os participantes de todos os grupos experimentais) mostrou uma considerável melhora do seu estado em comparação com o grupo de controle depois de cinco meses. Digno de nota é que a duração do tratamento com uma influência não essencial (positiva) teve pouca influência sobre o sucesso do tratamento, de igual modo o tipo de cura (unicamente a radiônica aqui obteve resultado positivo); na experiência de longos anos com cura espiritual trouxe os melhores resultados e, surpreendentemente, um único agente de cura foi melhor do que vários agentes por pessoa.

Shore (2004): O estudo examinou os efeitos de longa duração do Reiki sobre estados de humor depressivos e *stress*, que foram deduzidos a partir de três questionários. Para tanto, 45 pessoas foram divididas ao acaso em três grupos duplo cego: um grupo experimental de Reiki, um grupo experimental de Reiki a distância e um grupo de controle de Reiki a distância, que ficou sem tratamento. Os participantes dos dois grupos experimentais receberam durante seis semanas um tratamento de Reiki de uma hora e meia, uma vez por semana. Os participantes do grupo de controle em condições idênticas ficaram deitados sobre uma maca, sem receber tratamento. Aqui devemos notar que o grupo experimental e o grupo de controle eram levados de cada vez a um outro aposento (para prevenir efeitos de transmissão por uma possível carga energética do aposento e das macas); parece questionável se é possível confiar na cegueira (isso sem falar na dupla cegueira). Os três questionários foram mostrados às pessoas do teste antes do início e depois do encerramento da série de tratamentos, bem como um exame posterior depois de um ano. Os resultados: nas três medições resultou uma superioridade significativa em ambos os grupos experimentais em comparação com o grupo de controle; os resultados do exame posterior mostraram até mesmo um leve aumento. No grupo de controle, ao contrário, os valores pioraram apesar do aumento do efeito placebo.

Estudos inéditos sobre o Reiki

Thornton (1991): O estudo é descrito brevemente por Benor a partir de um *abstract*.[13] Trata-se de um trabalho inédito de mestrado, que avaliou o medo, o poder pessoal e o bem-estar em 42 alunas de enfermagem; 22 delas foram tratadas com Reiki, 20 com Reiki-placebo. Se se constituiu um tratamento no grupo experimental ou de controle não foi possível saber dadas as alegações de Benor. Resultados: tanto o grupo experimental como o grupo de controle apresentaram valores de medo significativamente baixos. Entre os valores do grupo experimental e os do grupo de controle não havia nenhuma diferença significativa.

---

13. Daniel Benor, "*Spiritual Healing, Scientific Validation of a Healing Revolution*" [Cura espiritual. Confirmação científica de uma revolução de cura]. Southfield, MI, 2001, p. 246 (Vision Publications).

Bucholtz (1996): Também nesse estudo trata-se de uma tese de mestrado inédita descrita por Benor com base num *abstract*.[14] Bucholtz examinou os efeitos do tratamento direto com Reiki sobre a vida com dores em seis pacientes com artrite reumática num estudo aleatório cego simples. As pessoas testadas receberam no período de uma semana três tratamentos diretos com Reiki ou três "tratamentos com Reiki-placebo". A sensação de dor foi medida a cada vez, antes e depois do tratamento. Um mês depois as pessoas testadas receberam outra vez três tratamentos, algumas do grupo experimental passaram para o grupo de controle e do grupo de controle para o grupo experimental. Os tratamentos-placebo foram dados pela mesma agente de cura, que também fazia tratamentos com Reiki; a diferença consistia em que as mãos para os tratamentos-placebo *só* foram impostas ("casual touch") [toque casual] sem tratar conscientemente com Reiki.

Crítica: Via de regra quase não seria possível a uma praticante de Reiki, que impõe as mãos sobre outra pessoa, deter voluntária e completamente o fluxo de Reiki. Além disso, adverte Benor, é triste ver desperdiçados os esforços dos participantes num estudo em que um resultado significativo é altamente improvável desde o início devido ao pequeno número de experiências. Embora se destacasse uma tendência positiva, os resultados não foram significativos.

Harder (2003): Em sua tese de conclusão de curso ele procurou resolver a questão sobre se seria possível avaliar corretamente o momento de uma emissão de Reiki a distância graças à percepção subjetiva. Para o teste pediram que as 20 pessoas sadias avaliadas no contexto de um estudo duplo cego, controlado e aleatório, dissessem em qual dos períodos de 15 minutos lhes foi transmitido Reiki a distância (o qual era emitido uma única vez). No estudo visou-se especialmente excluir toda via convencional imaginável de transmissão de informações. Resultados: numa estatística de probabilidade de acerto

14 Veja nota 13, p. 229.

de um terço em cem tentativas foram visados 33 acertos, o que corresponde exatamente aos acertos esperados do acaso. A visão geral da pesquisa na parte teórica da tese representa a base deste capítulo. Planeja-se uma publicação.

Revisões relacionadas com o Reiki

Wirth e Cram (1997): A revisão analisa três estudos controlados, aleatórios, duplo cego sobre o tema EMG[15] terapias complementares (toque terapêutico, Qi Gong, Reiki e LeShan) tanto no tratamento direto com Reiki como no tratamento a distância. O Reiki só é usado num dos três estudos (Wirth & Cram, 1994). O conteúdo de um dos estudos indica resultados claros; os outros dois são significativos no sentido das hipóteses.

Astin, Harkness e Ernst (2000): Em sua revisão controlada, aleatória e às cegas reúnem os resultados qualitativamente de grande valor de 23 dos originalmente mais de 100 estudos feitos de tratamento a distância com Reiki. Os critérios incluídos foram o controle adequado, aleatório, a publicação e o questionamento clínico das pessoas. Em 13 de 23 estudos, 57 por cento indicam os resultados positivos significativos dos exames. Infelizmente, toda a revisão só contém um único estudo de Reiki a distância (Wirth, Brenlan, Levine & Rodriguez, 1993). Finalmente, constata-se que, em virtude da falta de método, em muitos estudos é difícil tirar conclusões definitivas sobre a eficiência do tratamento a distância. No entanto, diante do fato de que 57 por cento dos estudos indicam efeitos positivos, o tema mereceu um exame mais acurado. Completando, note-se que depois da publicação da revisão, surgiram dúvidas sobre a seriedade de um dos estudos significativos (compare Ernst, 2003). Se deixarmos esse estudo de lado, 55 por cento dos exames (12 de 22) deram resultados positivos.

15. EMG: eletromiografia (derivado de potenciais musculares elétricos).

Petry (2000): Em seu artigo descritivo de visão geral se ocupa com as possibilidades práticas de uso da medicina complementar na cirurgia. Ele primeiro oferece um panorama de diferentes aspectos do efeito dessas medidas (foco: relaxamento, *coping*,[16] e redução do medo), para então descrever brevemente um amplo espectro de opiniões, sendo que os estudos representaram um papel à margem. Ao tema Reiki são atribuídas algumas linhas; o único estudo mencionado é o de Olson e Hanson (1997).

Benor (2001 & 2002): Engloba, numa visão mundialmente abrangente, um panorama geral da cura espiritual em 191 estudos controlados, dos quais 124 (65 por cento) mostraram resultados positivos significativos. Se analisarmos os estudos classificados na categoria superior de uma escala de cinco níveis com os critérios; controlado, aleatório, às cegas e adequadamente relatado, restam 50 relatórios, 37 dos quais (74 por cento) com resultados significativos. Infelizmente, os seis estudos de Reiki representam um papel minúsculo entre essa soma. Todas as sete fontes relacionadas com Reiki citadas por Benor entraram nessa visão geral.

Ebneter, Binder e Saller (2001): Representam, numa sinopse em língua alemã, ao todo 16 estudos de Reiki a distância (entre eles 3 estudos de Reiki, todos por Wirth e outros) e seis revisões. Dos 12 estudos aleatórios, clínicos, duplo cego analisados mais de perto, 6 (50 por cento) apresentaram um efeito significativo. Se analisarmos então esses 7 estudos com escore máximo na escala Jadad,[17] 5 (71 por cento) mostraram o efeito significativo do tratamento a distância. Os 3 estudos de Reiki incluídos na sinopse foram 100 por cento significativos. Os autores chegaram à conclusão de que um julgamento conclusivo relativo à eficácia ou falta de efeito dos tratamentos a distância ainda não é possível diante dos dados disponíveis no momento.

---

16. A expressão inglesa *coping* aqui define o modo como os pacientes dominam suas doenças.

17. Escala Jadad: escala de cinco pontos para avaliação da qualidade das publicações de estudos clínicos, Jadad e outros, 1996.

Miles e True (2003): Aqui se trata da única revisão de Harder que ficou conhecida, que se ocupa exclusivamente do Reiki. Em onze páginas as autoras esclareceram de onde vem o Reiki e o que ele é, passam por uma série de programas clínicos e, finalmente, fazem uma sinopse de 7 estudos experimentais (5 estudos de Reiki-I e 2 de Reiki-II), em que é testada a eficácia do Reiki. Alguns dos estudos tratados por Miles e True foram abordados na sinopse, bem como duas revisões e quatro outras publicações científicas apresentadas aqui. Cinco dos estudos apresentados pelas autoras (71 por cento) mostraram resultados positivos significativos.

Ernst (2003): Fez uma atualização menos formal da revisão, que havia apresentado juntamente com dois colegas em 2000 (veja Astin, Harkness e Ernst, 2000). Na atualização ele junta a evidência empírica[18] dos anos 2000-2002. Ao todo ele encontrou 8 estudos clínicos não aleatórios e 9 aleatórios. Dos estudos aleatórios (entre eles também o estudo de Reiki de Wardell e Engebretson, 2001) três, portanto somente 33 por cento, indicam resultados significativos. Um desses três estudos significativos Ernst não incluiu num exame mais acurado, visto que a seriedade da publicação lhe pareceu questionável, restando, portanto, somente 25 por cento de estudos significativos.

Outras publicações científicas sobre o Reiki

Wirth & Barrett (1994): A publicação descreve um estudo aleatório duplo cego, em que um complexo modelo de pesquisa foi trabalhado com diversas combinações de toque terapêutico, LeShan, orações, imaginações, exercícios de relaxamento e *biofeedback*, a fim de acelerar experimentalmente o processo de cura de pessoas com pequenas lesões cutâneas no braço. As 15 pessoas testadas foram divididas num grupo ex-

18. O conceito "evidência" designa nesse contexto informações dos estudos clássicos, que comprovam ou contrariam uma realidade. O conceito "empírico" diz respeito a que essas informações científicas foram experimentalmente feitas.

perimental e num grupo de controle. Depois de dez dias algumas pessoas passaram do grupo experimental para o grupo de controle, sendo as modalidades de tratamento ligeiramente alteradas. Nesse estudo o Reiki só aparece na medida em que os agentes de cura do toque terapêutico (não os pacientes) foram tratados com Reiki. O resultado foi altamente significativo para o(s) grupo(s) de controle. Portanto, isso significa que os ferimentos cutâneos nas pessoas tratadas tiveram pior recuperação do que os das não tratadas. Quanto ao conteúdo, os resultados fazem surgir a suspeita de que possivelmente também no âmbito da cura espiritual deve valer o lema: "Muitos cozinheiros estragam o mingau."

Wirth, Richardson & Eidelman (1996): Dão uma visão de conjunto de cinco experimentos próprios sobre o decurso de cura de ferimentos artificiais da pele em pessoas, cuja cura se procurou apressar com toque terapêutico, Reiki, LeShan e orações. Os resultados dos estudos são contraditórios, e como a revisão dos estudos de Reiki, ou seja, no recém-mencionado estudo de Wirth e Barrett (1994) só foi tentado o Reiki para recarregar somente o agente energeticamente (e não a pessoa testada), a publicação só deve ser mencionada aqui à margem.

Bacon (1997): Aqui se trata de um excerto tirado de uma tese de mestrado descrito por Benor.[19] Assim, podemos ler uma prova ocasional de 160 enfermeiras trabalhando com modelos de tratamento alternativo, que tinham grande familiaridade com o toque terapêutico e menos familiaridade com o Reiki; a acupuntura foi considerada pelas enfermeiras a mais útil, o Reiki, ao contrário, a forma de tratamento alternativo menos útil. Dos dados bastante escassos de Benor não fica claro se o trabalho testa a eficácia clínica do Reiki, ou se o Reiki só é testado por uma investigação. Como a fonte no estudo de Reiki não pode ser claramente identificada, ela é apresentada entre as outras publicações científicas.

---

19. Daniel Benor. *Spiritual Healing, Scientific Validation of a Healing Revolution*. Southfield, MI 2001.(Vison Publications), p. 280.

Alandydy & Alandydy (1999): Relatam que no hospital regional de Portsmouth (Columbia, Estados Unidos), onde são oferecidos quinze minutos de Reiki antes e depois das cirurgias, em 1998 mais de 872 pacientes fizeram uso dessa oferta, e que, por meio do Reiki, a necessidade de analgésicos depois da cirurgia pôde ser reduzida.

Mansour, Beuche & Laiing (1999): Testaram se seria possível imitar o Reiki no tratamento direto, para poder trabalhar com controles-placebo num estudo planejado. Em quatro experiências de cada vez foram submetidos a diferentes combinações de tratamento de Reiki e Reiki-placebo 4 pessoas (12 alunas de enfermagem e 4 pacientes com câncer de mama). Cada uma das pessoas testadas recebeu dois tratamentos de 15 minutos (ou Reiki + Reiki, Reiki + placebo, placebo + Reiki ou placebo + placebo). Além disso, na quarta experiência, quatro observadores acompanharam o tratamento, de modo que ao todo 20 pessoas participaram da experiência. Os resultados foram compilados através de questionários, mas não foram submetidos a mais nenhuma análise de significância. Os autores definiram os resultados do estudo como "bem-sucedidos", visto que as pessoas testadas na quarta etapa da experiência não tiveram mais êxito em diferenciar entre os agentes verdadeiros e os agentes-placebo (uma avaliação correta e sete avaliações erradas, bem como oito vezes indecisos).

Crítica: Não se pode deixar de concluir que os agentes-placebo foram tão bem treinados antes (o que de fato acontece) até parecerem mais autênticos do que os próprios agentes de cura.

Olson, Michaud & Hanson (2000): Trata-se de um excerto muito curto do já descrito estudo de Olson, Hanson & Michaud (2003).

Shore (2002): Excerto curto do já descrito estudo de Shore (2004).

Kumar A. & Kurup (2003): Nesta investigação não é usado explicitamente nenhum Reiki, mas uma modalidade de tratamento parecida com o Reiki, em que o agente primeiro se carrega de energia por meio da meditação, para finalmente passá-la adiante. No entanto, o estudo é apresentado aqui somente porque nos bancos de dados científicos ele é repetido sob a palavra-chave "Reiki", porque a eficácia do Reiki interessa na epilepsia e porque além disso apresenta um modelo de eficácia muito interessante, que associa elementos eletromagnéticos, da mecânica quântica, da teoria do caos, e fisiológicos. Numa clínica para epilepsia na Índia 15 pacientes com epilepsia crônica foram escolhidos ao acaso e submetidos três vezes por semana ao tratamento acima descrito. Além disso, eles praticavam diariamente uma hora de meditação transcendental. Uma prova ao acaso entre pessoas sadias divididas por sexo e idade fizeram a mesma dieta do grupo pré-experimental de controle para registrar as médias básicas de, ao todo, dez parâmetros: da endocrinologia, de enzimas, e minerais. Infelizmente não havia um grupo de controle de epilépticos, que fizesse apenas o tratamento-padrão da clínica – sem tratamento energético. Os resultados: depois de três meses os pacientes mostraram uma normalização altamente significativa de dez parâmetros bem como uma redução muito significativa de ataques. Embora os autores não apresentem nenhum valor exato de significância, parece provável que depois da adaptação do nível de significância, ao menos alguns dos parâmetros altamente significativos continuem significativos.

Miles (2003): Apresenta um breve relatório de pesquisa sobre um exame de que participaram 30 pacientes de HIV/Aids. No contexto de um programa clínico de tratamento, os pacientes receberam uma iniciação em Reiki do 1º grau durante quatro dias seguidos, bem como a correspondente formação. No 3º e 4º dias do seminário os pacientes diante do STAI e do VAS[20] deviam avaliar seu medo e sensibilidade à dor antes e depois de cada tratamento de 20 minutos com Reiki. Os

20. Procedimentos-padrão psicométricos. O STAI (State-Trait-Angst-Inventar) é um questionário-padrão sobre o medo, que, com 2 a 20 perguntas alternativas, avalia o medo atual ou geral, enquanto que o VAS (Visual Analog Scale) serve à avaliação da sensibilidade à dor numa escala de 1 a 10.

valores STAI diminuíram em média de 32,6 para 22,8, os valores VAS de 2,73 para 1,83. Como não foram feitos cálculos de significância, o estudo foi apresentado sob "outras publicações científicas" em vez de sob "estudos".

Schmehr (2003): Trata-se do relatório de um único caso sobre um paciente de 62 anos com Aids, que no contexto de um programa clínico foi iniciado no Reiki de 1º grau e que no tempo que se seguiu se estabilizou principalmente no âmbito psicossocial.

APÊNDICE

A situação em outros países

Estados Unidos, Austrália, Brasil, França, Grã-Bretanha

Por *Oliver Klatt*, em colaboração com *Pamela Miles, Lynette Kirkman, Karfried Kessler, Beate Hoffmann* e *Milly Cain*

Em outros países a situação dos praticantes de Reiki com relação ao trabalho de colaboração com a Medicina Tradicional é em parte favorável e em parte mais difícil do que na Alemanha. Enquanto nos Estados Unidos e na Grã-Bretanha já se está muito avançado – nesses dois países há muitas clínicas de praticantes de Reiki e agentes de cura espiritual trabalhando em colaboração com os médicos – a situação em alguns países da Europa Ocidental, por exemplo, na França e na Itália, ainda é muito difícil. Ao contrário, no norte da Europa, principalmente na Noruega e na Dinamarca, a situação para um trabalho conjunto é muito favorável.

A seguir, são brevemente mencionados cinco países, isto é, a situação local relativa ao trabalho de colaboração entre praticantes de Reiki, ou agentes de cura espiritual, e a medicina tradicional. No que diz respeito à situação nos países desenvolvidos, tenho certeza de que também tiraremos deles impulsos importantes para posterior desenvolvimento na Alemanha. Por outro lado, a descrição da situação dos países mais atrasados é de interesse para uma maior compreensão dos obstáculos que ainda têm de ser superados em muitos lugares.

Agradeço a todos os que me ajudaram a reunir estas informações. Devo mencionar que as pessoas que participaram deste capítulo não são advogados. Eles apresentam informações relativas à situação jurídica nos países mencionados sem aconselhamento legal e também não substituem a consulta a um advogado. O próximo apêndice contém os endereços de contato de todos os colaboradores disponíveis para troca de informações.

Estados Unidos

De acordo com Pamela Miles, mestre de Reiki e escritora, a situação jurídica relativa ao Reiki ainda não está clara. Cada um dos 50 Estados dispõe de leis e regulamentações próprias relativas à prática da medicina. Além disso, em algumas regiões existem restrições relativas à prática de métodos como o Reiki. Ainda não foram encontradas afirmações globais sobre a situação jurídica nos Estados Unidos. Embora o uso das ofertas da medicina complementar ou alternativa (em inglês: *Complementary and Alternative Medicine* – CAM) por parte das pessoas mostre a situação jurídica, de acordo com Miles ela não reflete a prática momentânea da Saúde. Como essa prática em geral vale como método não invasivo,[1] o uso do Reiki na sua opinião não deve contar com uma regularização estatal.

Quanto ao trabalho de colaboração dos praticantes de Reiki com a medicina tradicional, podemos ler em William Lee Rand, que nos Estados Unidos já se trabalha com Reiki em mais de cem convênios de Previdência.[2] Pamela Miles e Gala True em sua revisão[3] apresentam um panorama de 25 clínicas nas quais se trabalha com Reiki. Nessas

1. Não invasivas: designação de formas médicas de tratamento, em que nada é introduzido no corpo (portanto, não são usadas injeções, feitas cirurgias, etc.). Entre as formas não-invasivas de tratamento contam-se, por exemplo, o tratamento com pomadas, com medicamentos, com irradiação, bem como com o Reiki.

2. Rand, William Lee, *Reiki. The healing touch. First and second degree manual* [Reiki. O toque curativo. Manual para o primeiro e segundo graus]. (JRT & Hayashi Healing Guide Edition), Vision Publications, Southfield, MI 2000.

3. Miles, Pamela e True, Gala: "Reiki – Review of a biofield therapy. History. Theory, practice, and research" [Reiki – revisão de uma terapia de biocampo. História, teoria, prática e pesquisa] em *Alternative Therapies*, 9, 2, pp. 62-72.

clínicas, segundo Moritz Harder, o Reiki é essencialmente usado de três maneiras:

"1. Por agentes de cura externos: praticantes de Reiki que oferecem tratamentos para pacientes e pessoal.

2. Pelas pessoas que foram iniciadas no 1º grau de Reiki e que são ensinadas a usá-lo.

3. Como autotratamento: pacientes, parentes ou amigos recebem a iniciação no 1º grau e aprendem como usá-lo."

Aqui o Reiki serve exclusivamente como complemento, apoio e facilitação das medidas médicas normais; o grande papel é representado pela redução do medo, alívio das dores e relaxamento. Como técnica não perigosa, simples e sem efeitos colaterais, o Reiki pode ser introduzido praticamente em todos os âmbitos. Rand, assim como Miles e True são unânimes em introduzir o Reiki na sala de cirurgia depois de cirurgias, nos casos de câncer, HIV, asma, infecundidade, dores de cabeça, infecções agudas, doenças crônicas, na medicina de emergência, nos cuidados ao recém-nascido, na pediatria, na psiquiatria, na gerontologia, bem como contra os efeitos colaterais de medicamentos e irradiações. O Reiki não é mencionado como forma independente de terapia ou como substituto para intervenções médicas.

Como efeitos do Reiki, além da redução do *stress*, do alívio das dores e do aumento da descontração, temos a aceleração dos processos curativos, menor uso de medicamentos, redução dos efeitos colaterais dos medicamentos, sono melhor, mais apetite, bem como melhor comunicação com o pessoal especializado. Rand enfatiza a necessidade da redução de custos nas clínicas com igual aumento da oferta de cuidados como um motivo de peso para o uso disseminado do Reiki. "Por motivos de tempo e financeiros a maioria dos programas não foi submetida à avaliação sistemática. Nos hospitais, no entanto, por se tratar de uma questão econômica, a crescente disseminação do Reiki e o seu efeito básico no contexto clínico interessam à empresa social. A questão dos mecanismos de ação fica, portanto, intocada."[4]

Austrália

Na Austrália, de acordo com Lynette Kirkman, mestra de Reiki e membro de destaque do Reiki na Austrália, existe uma liga nacional para praticantes de Reiki de todas as orientações: o Reiki nesta época conquista crescente reconhecimento. Como terapia complementar, ele é oferecido em alguns hospitais, clínicas, instituições para idosos, centros de reabilitação e centros de tratamento do câncer. Em geral, nas instituições médicas para tratamento de pacientes estacionários, permite-se cada vez mais receber o tratamento com Reiki em base particular.

Na Austrália cabe ao "State and Federal Government Health Departments" cuidar da segurança da população no âmbito da saúde; isso abrange também o âmbito da medicina complementar e alternativa (Complementary and Alternative Medicine/CAM). Atualmente, a prática do Reiki, bem como a formação e iniciação no Reiki, não são regulamentados pelo Estado. Recentemente, contudo, a Liga "Reiki Austrália" apresentou um projeto ao Community Services and Health Industry, um dos dez conselhos nacionais da Austrália, cuja competência abrange o trabalho de colaboração entre Indústria e Governo e o âmbito da saúde, em que se trata da aceitação do Reiki no Health Training Package, o padrão nacional dos Serviços de Saúde Pública.

Os modelos de qualificação sugeridos no projeto não se relacionavam com a iniciação no Reiki, para justificar as diferentes práticas de iniciação em diferentes formas do Sistema Usui. O processo de autorregulamentação posto em andamento pelos praticantes de Reiki resolveu criar padrões nacionais voluntários – não obrigatórios – para

4. Harder, M., 2003: "*Zur paranormalen Informationsvermittlung mit Fernreiki*" [Sobre a transmissão de informação paranormal com Reiki a distância]. Tese inédita, Philipps Universität, em Marburg, pp.17s. As indicações de fontes de Rand, bem como de Miles e True, referem-se às publicações citadas nas notas 2 e 3.

os agentes de cura Reiki, que mantêm atividade nos serviços de saúde pública, respectivamente nas instituições médicas e sociais.

Brasil

No Brasil, assim afirma Karfried Kessler, mestre de Reiki alemão e escritor, que viveu no Brasil de 1991 a 2003, ainda há muitas perguntas em aberto quanto à situação jurídica dos agentes de cura Reiki. Isso tem a ver sobretudo com o fato de os limites para a prática de diversas profissões regulamentadas nos serviços de saúde pública serem principalmente dependentes da interpretação das leis e correspondentes prescrições. Por exemplo, seria melhor que um agente de cura Reiki não aconselhasse seu cliente a beber mais água depois do tratamento, visto que isso poderia ser entendido como um conselho dietético, que somente os nutricionistas, portanto, os consultores de alimentação, têm direito de dar.

Da parte dos médicos tradicionais existe um maior interesse pelo Reiki no Brasil do que o que existe no momento na Alemanha. Assim, por exemplo, 20 por cento das 2.500 pessoas, que Kessler instruiu em Reiki no Brasil, consistem de médicos, psicólogos, enfermeiras ou enfermeiros. Embora no Brasil os médicos só possam oferecer procedimentos reconhecidos pela medicina tradicional, aconteceu isoladamente de o Reiki ser oferecido mais ou menos abertamente pelos médicos. Por exemplo, entre os praticantes de Reiki formados por ele, Kessler conhece vários médicos que tratam seus pacientes com Reiki.

Em casos isolados, ainda de acordo com Kessler, também se chegou à conclusão de que o Reiki pode ser oferecido nos centros de saúde pública. Assim, uma médica brasileira conseguiu oferecer Reiki e trabalho de luz conforme Barbara Ann Brennan num centro de saúde pública em Brasília (capital do Brasil). Contudo, isso somente para o pessoal de saúde pública que manifestou grande interesse.[5]

---

5. Em 1998, o centro de saúde em questão era o "Centro de Saúde 712/912 Sul", em Brasília, DF.

No mesmo centro de saúde, em 1999, Kessler pôde dirigir os assim chamados "Dias de Reiki". Ele e agentes de cura Reiki formados por ele puderam usar os aposentos do centro nos períodos em que ele estava oficialmente fechado (portanto, nos finais de semana). A oferta do Reiki pôde ser levada em consideração por todos, também pelos pacientes desse centro. Por outro lado, ele não teve permissão de divulgar essa oferta por escrito em cartazes ou algo parecido dentro do centro.

A partir daí, existem hoje outros centros de saúde isolados, ou seja clínicas em Brasília, nas quais o Reiki é abertamente oferecido.[6] Enquanto isso, de acordo com Kessler, a maioria dos centros públicos de saúde no Brasil oferecem diferentes terapias alternativas, entre elas acupuntura, shiatsu, massagem, homeopatia, fitoterapia e massagem tuína.[7] O Reiki, entretanto, ainda não faz parte da oferta geral.

Para melhor compreensão do sistema de saúde no Brasil Karfried Kessler afirma: "Não existe nenhum seguro de saúde legal no Brasil. Em compensação há centros de saúde pública (centros de tratamento ambulatorial) e hospitais, nos quais todos podem tratar-se gratuitamente. Diversos medicamentos também são entregues gratuitamente nesses postos. Assim sendo, para cada brasileiro está assegurado o tratamento básico. Os correspondentes centros podem ser procurados por turistas. Paralelamente, há seguros privados de saúde que só fecham contratos com determinados médicos e hospitais. Quem tem um seguro desses, conforme as cláusulas do contrato, tem acesso a hospitais

---

6. Karfried Kessler: "Numa pequena localidade nas proximidades de Brasília, em Planaltina, DF, os pacientes podem ser tratados com Reiki por desejo próprio (Fonte: *Via Reiki — sua revista brasileira de Reiki*, ano 1, nº1, junho de 2002, p. 5). No Estado do Rio de Janeiro, na cidade de Niterói, existe outro centro de saúde em que o Reiki é oferecido: Centro de Saúde Municipal de Niterói (Fonte: *Via Reiki — sua revista brasileira de Reiki*, ano 1 nº 2, setembro de 2002, p. 5) Em Niterói, a Policlínica Comunitária Santa Rosa oferece todas as quintas-feiras, das 11h30 às 13h30, tratamentos públicos de Reiki (Fonte: *Via Reiki – sua revista brasileira de Reiki*, ano 1, nº 2, setembro de 2002, p. 4).
7. Fonte (de acordo com Kessler): www.saude.rio.rj.gov.br

muito bons, que correspondem aos padrões dos hospitais da Europa Ocidental. Em todo caso, têm acesso a eles apenas uma pequena minoria da classe média. Além disso, a prevenção odontológica em geral não está incluída nos Seguros de saúde particulares, visto que esse seguro é caro demais."

Segundo sua própria declaração, Karfried Kessler esteve no Brasil em 1997, sendo a primeira pessoa que se informou no Conselho Regional de Medicina em Brasília sobre a situação jurídica dos praticantes dos métodos de cura alternativos.[8] A primeira publicação no Brasil sobre o tema do Reiki profissional e os aspectos jurídicos da atividade dos agentes de cura e professores de Reiki foi o seu primeiro livro sobre Reiki, sob o título *Reiki: O Caminho do Coração.*[9]

No livro ele afirma que, segundo a Constituição Brasileira (artigo 5, parágrafos 2 e 13), cada um pode exercer qualquer atividade enquanto ela não for proibida por lei, enquanto não praticar charlatanismo, causar danos às pessoas ou praticar determinada profissão sem a correspondente qualificação. Por charlatanismo se entende quando alguém pratica um método secreto. Além disso, o uso de gestos e palavras (fórmulas de conjuração) são considerados charlatanismo. Portanto, de acordo com isso, a prática de tratamento a distância por meio de símbolos (sejam estes secretos ou não) é igualmente ilegal. No entanto, segundo Kessler, ele nunca ouviu falar de um caso em que isso levasse a consequências jurídicas, respectivamente ameaças.

França

Na França, diz Beate Hoffmann, mestra alemã de Reiki e professora de meditação, que vive há tempos na França, a cura espiritual tem uma

---

8. Encontro pessoal de Kessler com o então diretor do Conselho Regional de Medicina do Distrito Federal, dr. Eduardo Guerra, em Brasília, DF, em 16/12/1997.

9. Upanishad Karfried Kessler: *Reiki: O Caminho do Coração*, São Paulo, 1998, Editora Ground Ltda. ISBN 85-7187-134-5.

longa tradição, especialmente no sul da França. No caso de sofrimento muitas pessoas procuram um agente de cura espiritual. Por meio de diferentes conversas com clínicos gerais, ela soube que também havia médicos que, no caso de uma doença incurável do ponto de vista da medicina tradicional, davam aos seus pacientes o nome de um agente de cura espiritual.

Na França, entretanto, não existe lei específica como na Alemanha, nem lei semelhante. Nos serviços de saúde pública existem, como em outros âmbitos também, ramificações profissionais reconhecidas e fiscalizadas pelo Estado. Se a pessoa pertence a um grupo profissional de serviços de saúde pública reconhecido pelo Estado, convém usar exclusivamente métodos reconhecidos cientificamente no contexto da sua atividade. Contudo, na França há um número crescente de enfermeiros e enfermeiras que integram métodos de cura alternativos em seu trabalho.

Para poder trabalhar como agente de cura ou professor de Reiki existem hoje três possibilidades de exercer o trabalho: dentro de uma associação, uma atividade como autônomo ou uma atividade como empregado socialmente assegurado dentro de uma sociedade. Em todos os três casos é necessário um seguro profissional. No entanto, no que se refere a isso, segundo Hoffmann, existe um problema. As grandes empresas seguradoras da França já elaboraram um tipo de contrato para as atividades nos âmbitos do Reiki, massagem reflexológica dos pés, Shiatsu, Feng-Shui, etc.; no entanto, não há nenhum esforço no momento da parte do Estado para transformar essas atividades em um grupo profissional.

Em virtude dessa situação e porque o balanço de um correspondente seguro profissional em última análise depende de cada cidade ou região, não é fácil realmente concluir um seguro correspondente (o fato de um grupo de seguro possibilitar principalmente determinado tipo de contrato não significa que possamos fazer esse tipo de contrato com cada representante de seguros desse grupo). Em razão do clima desfavorável concebido pelo Estado quanto aos métodos de cura alternativos, essas conclusões são dificultadas no momento. Além disso, mesmo no *status* financeiro e jurídico encontrado, segundo Hoffmann, subsiste o risco de uma denúncia da prática ilegal de uma atividade médica.

Um exemplo encorajador de que, apesar da situação, em muitos lugares procura-se uma colaboração entre a medicina tradicional e o método de cura alternativo, é descrito por Hoffmann no texto que segue, sobre o trabalho engajado da diretora de um asilo para idosos perto de Paris.

"Devido à iniciativa pessoal da diretora do asilo para idosos La Chalouette, em breve os moradores e suas famílias poderão gozar dos métodos de cura alternativos. Acompanhando o tradicional cuidado médico, os moradores poderão levar em consideração as ofertas de especialistas externos. Além disso, serão organizadas tardes de informação em que haverá explanação de temas como o Reiki, massagem de reflexologia dos pés, Shiatsu, terapia com os Florais de Bach, e outros métodos de tratamento alternativos. Nessa realização, além dos moradores e suas famílias, poderá participar também o pessoal de enfermagem.

'Nós temos de caminhar passo a passo', explica a diretora. Ela mesma é iniciada no 3º grau de Reiki do Sistema Usui, bem como no Reiki Karuna. Além disso, aprendeu a massagem de reflexologia nos pés e a terapia com Florais de Bach. 'Vamos instalar uma sala para relaxamento, na qual desejamos oferecer cursos de relaxamento e de respiração. Nosso médico coordenador e a freira encarregada dos cuidados médicos apoiam nossa iniciativa. E está previsto oferecer o Reiki como parte da formação superior especial para nossa equipe de enfermagem'."[10]

O sucesso do projeto, segundo Hoffmann, depende da tolerância das repartições francesas de fiscalização. Se o projeto vingar, isso po-

---

10. Beate Hoffmann, correspondência pessoal, 2006.

de encorajar outros a pensarem numa forma comparável de colaboração entre a medicina clássica e os métodos de cura alternativos na França.[11]

Grã-Bretanha

Milly Cain, mestra de Reiki na Grã-Bretanha, fala sobre a situação relativa ao trabalho de colaboração entre os praticantes de Reiki e os médicos no seu país natal.

"Na minha comunidade temos um médico que pratica Reiki e me recomenda aos pacientes para um tratamento com Reiki. Os pacientes, na maioria das vezes, são pessoas que já se encontram no caminho da convalescença, muitas vezes depois de um *stress* emocional ou de um trauma psíquico. Um médico que aconselha seus pacientes a fazerem um tratamento com Reiki, muitas vezes não conta com o apoio dos colegas, visto que estes preferem prescrever as formas convencionais de tratamento médico.

Contudo, na Grã-Bretanha não há lei que proíba um clínico geral[12] de recomendar ou prescrever a medicina natural aos seus pacientes. Assim, por exemplo, ele pode prescrever remédios homeopáticos, se teve a correspondente formação. Da mesma forma ele pode, caso conheça o efeito curativo do Reiki, indicar um agente de cura Reiki aos seus pacientes. Quando ele mesmo quiser ministrar um tratamento com Reiki, ele poderá fazê-lo no seu consultório particular.

---

11. Mais informações sobre esse projeto: Domaine de la Chalouette, 10, rue des Tilleuls.F:-91150 Morigny-Champigny, website: www.chalouette.fr

12. Comparável ao clínico geral ou médico de família na Alemanha/ Forma reduzida GP/ "Definição: GPs são médicos pessoais, responsáveis em primeiro lugar pela provisão de cuidados médicos abrangentes e continuados a pacientes independentemente da sua idade, sexo e doença. Ao negociar os planos de saúde com os pacientes eles levam em conta os fatores físicos, psicológicos, sociais e culturais, usando o conhecimento e a familiaridade provenientes dos cuidados médicos no passado. Eles também reconhecem a responsabilidade profissional em sua comunidade." Fonte: www.rcgp.org.uk /Palavra-chave: Patient Centre, What is General Practice? (Data: 15/03/2006)

Quando um médico trabalha num consultório comunitário, em que prescreve tratamentos de base natural como único medicamento, pode acontecer de os outros médicos pedirem que ele faça isso mais raramente. Por sorte, os tempos mudam, e neste ínterim em muitas práticas comunitárias já são oferecidos remédios e medicinas naturais. Além disso, cada vez mais enfermeiras se formam em Reiki e outras formas complementares de métodos terapêuticos.

Os agentes de cura Reiki que trabalham em entidades de saúde fazem esse trabalho como atividade autônoma. Eles têm seu próprio seguro profissional. Na Grã-Bretanha, no momento, não há um procedimento padronizado para a obtenção de licença como agente de cura Reiki. Assim, aconteceu de diferentes Organizações de Reiki da Grã-Bretanha serem convidadas pelo Estado para se reunirem no Reiki Regulatory Working Group (RRWG)[13] e juntos acordarem em um modelo-padrão nacional para agentes de cura Reiki, que sejam ativos no mercado de trabalho da saúde.[14] As organizações participantes – entre elas a Reiki Association,[15] The Reiki Alliance,[16] The Tera-Mai Reiki and Seichem Healers Association,[17] a Reiki Healers and Teachers Society (RHATS) e a UK Reiki Alliance[18] – prometem uma maior aceitação do Reiki nos serviços de saúde pública a partir desse processo de autorregulamentação."[19]

13. "The Reiki Regulatory Working Group (RRWG) foi instalado pelos representantes de várias organizações de Reiki em colaboração com a Prince of Wales´s Foundation for Integrated Health. O RRWG provê um fórum para a troca de pontos de vista, preocupações, padrões e boas práticas com a intenção de "ter uma só voz" no trabalho rumo à autorregulação do Reiki e criação de um único UK Register of Professional Reiki Practitioners" Fonte: www.reikiregulation.org.uk (Data:16/3/2006).

14. Mais sobre National Standards in Grossbritannien [Padrões Nacionais na Grã-Bretanha], em www.ukstandards.org.uk

15. www.reikiassociation.org.uk

16. www.reikialliance.com

17. www.tera-mai.co.uk

18. www.ukreikialliance.co.uk

19. Milly Cain, correspondência pessoal, 2006.

APÊNDICE

Pequeno glossário de termos médicos

Abdômen: Barriga, baixo-ventre.

Abscesso: Inflamação encapsulada purulenta.

Adiposidade: Obesidade, corpulência.

Amenorreia: Falta da menstruação, respectivamente falta da hemorragia menstrual.

Anamnese: Histórico anterior de uma doença contada pelo paciente.

Angina pectoris: Acesso de dor súbita por trás do esterno como consequência de uma doença dos vasos sanguíneos do coração.

Aorta: Principal artéria, maior artéria do corpo.

Apêndice: Saliência acessória do intestino grosso, parte do sistema imunológico. Na apendicite há dores típicas do lado direito do baixo-ventre.

Apoplexia: Ataque de apoplexia – consequência de um súbito distúrbio de irrigação sanguínea do cérebro.

Artéria: Vaso sanguíneo em que o sangue flui do coração para um dos órgãos ou tecidos.

Arteriosclerose: Calcificação das artérias.

Artrite: Inflamação das articulações.

Asma: Inflamação crônica e hipersensibilidade da traqueia. A mucosa e a musculatura lisa das vias respiratórias reagem doentiamente a diferentes impulsos. As consequências sempre são ataques repetidos de falta de ar, tosse e respiração superficial.

Bastão de Esculápio: O bastão do deus grego da medicina, Esculápio (arcaico: Asclépio). Pode ser visto como uma espécie de cetro, simbolicamente a ligação entre o céu e a terra. O bastão é circundado por uma serpente. Vale como símbolo da profissão da cura.

Biópsia: Retirada de um tecido do corpo para exame.

Bradicardia: Atividade cardíaca retardada, menos de 60 batidas por minuto.

Brônquios: Vias aéreas que seguem a traqueia.

Carcinoma: Tumor cancerígeno maligno.

Cistite: Inflamação da bexiga.

Cisto: Cavidade anormal em órgão ou tecido que encerra uma substância mole e limitada por parede própria.

Cólica: Dor espasmódica.

Cólon: Parte do intestino grosso. O intestino grosso começa no final do intestino delgado e termina no ânus. O intestino delgado está ligado ao intestino grosso e ao estômago.

Conjuntivite: Inflamação do tecido ocular.

Cortisona: Substância com forte efeito anti-inflamatório. A estrutura química da cortisona é semelhante à do hormônio do próprio corpo, o cortisol.

Demência: Queda da capacidade de desempenho mental.

Dermatite: Inflamação da pele.

Desfribilação: Método de tratamento contra distúrbios do ritmo cardíaco que põem em risco a vida. Por fortes impulsos de corrente elétrica a atividade normal do coração deve ser restabelecida.

Desidratação: Falta de água no corpo. Isso pode ocorrer por sudorese exagerada com pequena ingestão simultânea de água.

Diabetes mellitus: Diabete.

Diagnóstico: Estudo da determinação e julgamento dos sintomas de doença.

Diálise: Purificação artificial do sangue. Serve para remover toxinas do corpo. Normalmente essa é uma tarefa dos rins.

Diarreia: Disenteria.

Diástole: A descontração do coração que segue à sístole, em que as câmaras do coração são novamente enchidas com sangue. O coração humano é um músculo que está permanentemente em movimento. Na contração do coração (sístole), o "arremesso" do sangue na circulação, segue sempre à descontração do coração (diástole) quando as câmaras do coração se enchem outra vez de sangue.

Doença autoimunológica: Doença em que o sistema imunológico se volta contra estruturas do próprio corpo.

Eczema: Inflamação da pele com coceira.

ECG, eletrocardiograma: As atividades elétricas do coração são lidas e desenhadas na forma de curvas.

Embolia: Entupimento de um vaso sanguíneo.

Encefalite: Inflamação do cérebro.

Enfisema: Concentração de ar nos tecidos.

Epilepsia: Espasmos da musculatura liberados pelo cérebro, os quais levam à queda.

Eritrócitos: Corpúsculos vermelhos do sangue. A principal tarefa dos eritrócitos é o transporte de oxigênio.

Estrógeno: Hormônio sexual feminino.

Fisiologia: Ensinamento dos processos vitais normais da vida e do organismo humano.

Fitoterapia: Medicina com ervas.

Gastrite: Inflamação do estômago.

Gastroenterite: Inflamação do estômago e intestino.

Gastroscopia: Radiografia do estômago.

Helicobacter pylori: Bactéria responsável por uma série de doenças do estômago, em que surge um derrame mais forte de ácido gástrico. Enquanto antes se dava medicamentos para a inflamação da mucosa do estômago que deveriam neutralizar a acidez ou medicamentos que reduziriam a produção de ácido, hoje primeiro se examina se existe uma infecção com *Helicobacter pylori*. Em caso afirmativo, é necessário primeiro fazer um tratamento contra a bactéria.

Hematoma: Derrame, bolha de sangue ou concentração de sangue fora das vias sanguíneas.

Hemofilia: Distúrbio hereditário do fluxo sanguíneo. Existe a tendência a hemorragias incessantes mesmo em pequenos ferimentos. Também conhecida como doença do sangue.

Hemoglobina: Corante vermelho do sangue. Componente importante dos glóbulos vermelhos do sangue (eritrócitos).

Hepatite: Inflamação do fígado.

Hipertensão: Pressão alta.

Hipotonia: Pressão baixa.

Icterus: Coloração amarela na pele, icterícia.

Ileus: Oclusão intestinal. Estado em que, no intestino grosso ou delgado, há um ponto totalmente entupido, portanto, fechado.

Incontinência: Falta de capacidade de reter urina ou fezes.

Insuficiência cardíaca: Fraqueza do coração.

Isquemia: Falta de abastecimento de sangue em uma determinada parte do corpo.

Leucemia: Câncer do sangue.

Leucócitos: Glóbulos brancos do sangue. Como componentes do sistema imunológico, eles servem principalmente para a defesa contra infecções.

Mal de Parkinson: Doença do metabolismo do cérebro.

Metástase: Ramificações do tumor cancerígeno pelo corpo.

Micose: Conceito para doenças causadas por fungos.

Neurodermite: Eczema. Doença inflamatória crônica da pele, com formação de bolhas.

Operação *bypass*: Cirurgia em que vasos sanguíneos entupidos do coração são contornados por um desvio.

Osteoporose: Ossos que se quebram facilmente, descalcificação dos ossos.

Patologia: Estudo das doenças, causas e mecanismos bem como lesões de órgãos e tecidos.

Pericárdio: Membrana serosa que envolve externamente o coração.

Placebo: Pílula ou outro preparado médico sem eficácia química. Efeito placebo se diz quando essas pílulas ou preparados levam à melhora da saúde, mesmo sem conter substâncias eficazes. Isso acontece por sugestão ou autossugestão.

Pneumonia: Inflamação do pulmão.

Psoríase: Doença cutânea.

Reanimação: Reavivamento.

Refluxosofagite: Inflamação da mucosa do esôfago, decorrente do refluxo da acidez estomacal. Também provoca azia.

Reto: Última parte do intestino grosso. O intestino grosso começa no delgado e termina no ânus.

Reumatismo: Doença inflamatória do aparelho locomotor.

Síndrome: Junção de muitos sintomas de doença.

Sintoma: Indício de doença.

Subcutâneo: Embaixo da pele. Por exemplo, nas injeções subcutâneas o remédio é injetado embaixo da pele.

Taquicardia: Distúrbio do ritmo cardíaco por batimento acelerado do coração.

Tempo de incubação: Tempo de desenvolvimento (de uma doença).

Testosterona: Hormônio sexual masculino.

Tinnitus: Ruídos doentios no ouvido.

Toxoplasmose: Doença infecciosa.

Transplante: Transplante de tecidos vivos.

Tremor: Movimentos repetidos e involuntários.

Trombose: Fechamento de vaso sanguíneo devido a um coágulo.

Úlcera: Ferimento na pele ou mucosa.

Uremia: Envenenamento da urina.

Útero: Órgão muscular oco do aparelho genital feminino.

Vascular: Relativo aos vasos sanguíneos.

Relação de publicações científicas sobre Reiki

Estudos

BARNETT, D. (2005). "Os efeitos sobre o bem-estar de pais que aprendem e praticam o Reiki." *Dissertation Abstracts International*, 66 (1-B), 607.

BREWITT, B., VITTETOE, T. e HARTWELL B. (1997). The efficacy of Reiki hands-on healing: Improvements in spleen and nervous system function as quantified by electrodermal screening. *Alternative Therapies*, 3 (4), 89.

DRESSEN, L. J. e SINGG, S. (1998). Effects of Reiki on pain and selected affective and personality variables of chronically ill patients. *Subtle Energies & Energy Medicine*, 9 (1), 51-82.

MACKAY, N., HANSEN, S. e MCFARLANE, O. (2004). Autonomic nervous system changes during Reiki treatment: A preliminary Study. *Journal of Alternative and Complementary Medicine*, 10(6), 1077-81.

OLSON, K. e HANSON, J. (1997). Using Reiki to manage pain. A preliminary report. *Cancer Prevention & Control*, 1(2) 108-13.

OLSON, K., HANSON, J. e MICHAUD, M. (2003). A phase II trial of Reiki for the management of pain in advanced cancer patients. *Journal of Pain and Symptom Management*, 26(5), 990-7.

POTTER, P. (2005). Breast biopsy and distress: Testing a Reiki Intervention. *Oncology Nursing Forum*, 32(1), 170.

SCHLITZ, M. J. e BRAUD, W. G. (1985). Reiki plus natural healing: An ethnografich/experimental study. *Psi Research*, 4 (3/4), 100-23.

SHIFLETT, S. C. , NAYAK, S., BID, C., MILES, P. e AGOSTINELLI, S. (2002). Effect of Reiki treatment on functional recovery in patients in post-stroke rehabilitation. A pilot study. *Journal of Alternative and Complementary Medicine*, 8 (6), 755-63.

SHORE, A. G. (2004). Long-term effects of energetic healing on symptoms of psychological depression and self-perceived stress. *Alternative Therapies in Health and Medicine*, 10(3), 42-8.

WARDELL, D. W. e ENGELBRETSON, J. (2001). Biological correlates of Reiki touchsm healing. *Journal of Advanced Nursing*, 33(4), 439-45.

WETZEL, W. S. (1989). Reiki healing: A physiological perspective. *Journal of Holistic Nursing*, 7, 47-54.

WIESENDANGER, H. (1999). *Heilen ohne Grenzen? Der "Fernheil-Test" 1998 mit 55 Heilern aus sieben Ländern und 120 chronisch Kranken*. Schönbrunn: Lea.

WIRTH, D. P., BRENLAN, D. R., LEVINE, R. J. e RODRIGUEZ, C. M. (1993). The effect of complementary healing therapy on postoperative pain after surgical removal of impacted third molar teeth. *Complementary Therapies in Medicine*, 1, 133-38.

WIRTH, D. P., CHANG, R. J., EIDELMAN, W. S. e PAXTON, J. B. (1996). Haematological indicators of complementary healing intervention. *Complementary Therapies in Medicine*, 4, 14-20.

WIRTH, D. P. e Cram, J. R. (1994). The psychophysiology of nontraditional prayer. *International Journal of Psychosomatics*, *41*, 1-4, 68-75.

Estudos Inéditos

BUCHOLTZ, R. A. (1996), The use of Reiki therapy in the treatment of pain in rheumatoid arthritis. Tese inédita de mestrado. Universidade de Wisconsin-Oshkosh.

HARDER, M. (2003). Zur paranormalen Informationsvermittlung mit Fernreiki. Tese de encerramento de curso inédita. Universidade Philipps-Marburg.

THORNTON. L. M. (1991). Effects of energetic healing on female nursing students. Tese inédita de mestrado. California State University, Fresno.

Revisões

ASTIN, J. A., HARKNESS, E. e ERNST, E. (2000). The efficacy of "distant healing": A systematic review of randomized trials. *Annals of Internal Medicine*, 132, 11, 903-910.

BENOR, D. (2001). *Spiritual healing. Scientific validation of a healing revolution.* Southfield, MI: Vision Publications.

BENOR, D. (2002). *Spiritual healing. Scientific validation of a healing revolution. Professional Supplement.* Southfield, MI: Vision Publications.

EBNETER, M., BINDER, M. e SALLER, R. (2001). Fernheilung und klinische Forschung. Forschende *Komplementärmedizin und Klassische Naturheilkunde*, 8, 274-287.

ERNST (2003). "Distant healing – an 'update' of a systematic review." *Wiener Klinische Wochenschrift*, 115 (7-8), 241-5.

MILES, P. e TRUE, G. (2003). Reiki – Review of a biofield therapy. History, theory, practice, and research. *Alternative Therapies in Health and Medicine*, 9, 2, 62-72.

PETRY, J. J. (2000). Surgery and complementary Therapies. A Review. *Alternative Therapies in Health and Medicine*, 6 (5), 64-74.

WIRTH, D. P. e CRAM, J. R. (1997). Multisite surface electromyography and complementary healing intervention. A comparative analysis. *Journal of Alternative and Complementary Medicine*, 3 (4), 355-364.

Outras publicações científicas

ALANDYDY, P. e ALANDYDY, K. (1999). Using Reiki to support surgical patients. *Journal of nursing care quality*, 13 (4), 89-91.

BACON, M. M (1997). The Effects of Therapeutic Touch on state anxiety and physiological measurements in preoperative clients. (Tese de mestrado inédita). San Jose State University, San Jose, Califórnia. In *Dissertation Abstracts International*. Dados mais exatos sobre as fontes não são dados por Benor (2001, p. 280 e 523).

KUMAR, A. R. e KURUP, P. A. (2003). Changes in the isoprenoid pathway with transcendental meditation and Reiki healing practices in seizure disorder. *Neurology India*, 51 (2), 211-214. (Versão para internet: http://www.bioline.org.br/request?ni03066)

MANSOUR, A. A., BEUCHE, M., LAING, G., LEIS, A. e NURSE, J. (1999). A study to test the effectiveness of placebo Reiki standardization procedures developed for a planned Reiki efficacy study. *Journal of Complementary Medicine*, 5 (2), 153-64.

MILES, P. (2003). Preliminary report on the use of Reiki for HIV-related pain and anxiety. *Alternative Therapies in Health and Medicine*, 9, 2, 36.

OLSON, K., MICHAUD, M. e HANSON, J. (2000). A phase II trial of Reiki for the management of pain in cancer patients. *Journal of Palliative Care*, 16 (3), 65.

SCHMEHR, R. (2003). Enhancing the treatment of HIV/AIDS with Reiki training and treatment. *Alternative Therapies in Health and Medicine*, 9 (2), 120-1.

SHORE, A. L. G. (2002).The long-term effects of energetic healing symtoms of psychological depression and self-perceived stress. *Dissertation Abstracts International*, 63 (3-B), 1575.

WIRTH, D. P. e BARRETT, M. J. (1994). Complementary Healing Therapies. *International Journal of Psychosomatics*, 41, 1-4, 61-67.

WIRTH D. P., RICHARDSON, J. T. e EIDELSMAN, W. S. (1996). Wound healing and complementary therapies. A review. *Journal of Alternative and Complementary Medicine*, 2 (4), 493-502.

Obras de referência

Livros

ASISTENT, Niro Markoff. *Das heilende Ja. Die Geschichte meiner AIDS-Heilung.* Grafing: Aquamarin Verlag, 1993.

BAGINSKI, Bodo J. e SHARAMON, Shalila. *Reiki. Universale Lebensenergie.* Essen: Synthesis Verlag, 1994.

BARNETT, Libby e CHAMBERS, Maggie. *Reiki Energie-Medizin.* Essen: Synthesis Verlag, 1998.

BENOR, Daniel. *Spiritual healing. Scientific validation of a healing revolution.* Southfield, MI: Vision Publications, 2001.

BIRNBAUM, Raoul. *Der heilende Buddha. Heilung und Selbstheilung – eine Einführung in das altbewährte, psychosomatische Heilsystem des Buddhismus.* Bindlach: Gondrom Verlag, 1990.

BISCHOF, Marco. *Tachyonen, Orgoenergie, Skalarwellen.* Aarau (CH): AT-Verlag, 2002.

________. *Biophotonen. Das Licht in unseren Zellen.* Frankfurt am Main: Zweitausendeins, 1999.

BROCK, F.-E. *Handbuch der Naturheilkundlichen Medizin.* Ecomed Verlagsgesellschaft, 2001.

CHOPRA, dr. Deepak. *Die Rückkehr des Rishi. Ein Arzt auf der Suche nach dem, was uns wirklich heilt.* Düsseldorf: Econ Verlag, 1997.

De WIT, Han F. *Die verborgene Blüte. Über die psychologischen Hintergründe der Spiritualität.* Petersberg: Via Nova Verlag, 1998.

EDWARDS, Harry. *Wege zur Geistheilung.* Freiburg im Breisgau: Verlag Hermann Bauer, 1999.

GÜNTHER, Horst H. e MARCHÉ, Angelika. *Reiki. Energie aus eigener Hand.* Munique: Kösel Verlag, 2005.

HAY, Louise L. *Liebe deinen Körper. Positive Affirmationen für einen gesunden Körper.* Berlim: Lüchow Verlag, 1990.

HERMES, Kirsten. *Medical Wellness.* Schwarzenbek: Dr. Rüdiger Martienss Verlag, 2005.

HOSAK, Mark e LÜBECK, Walter. *Das grosse Buch der Reiki-Symbole.* Aitrang: Windpferd Verlag, 2004.

ILLICH, Ivan. *Die Nemesis der Medizin.* Reinbek: Rowohlt Verlag, 1983.

ISERT, Helmut. *Alternative Wege der Heilung.* Stuttgart: Lüchow Verlag, 2005.

JANICH, Peter. *Kleine Philosophie der Naturwissenschaften.* Munique: C. H. Beck Verlag, 1997.

KELLY, Maureen J. *Reiki and the Healing Buddha.* Wisconsin: Lotus Press, 2000.

KLATT, Oliver. *Die Reiki-Systeme der Welt.* Aitrang: Windpferd Verlag, 2005.

KUBY, Clemens. *Heilung. Das Wunder in uns.* Munique: Kösel Verlag, 2005.

MCFADYEN, Mary. *Die Heilkraft des Reiki.* Reinbek: Rowohlt Taschenbuch Verlag, 2003.

OBRECHT, Andreas J. *Die Welt der Geistheiler.* Viena, Colônia, Weimar: Böhlau Verlag, 2000.

________. *Die Klienten der Geistheiler.* Viena, Colônia, Weimar: Böhlau Verlag, 2000.

PELLEGRINO-ESTRICH, Robert. *Der Wunderheiler. Die Lebensgeschichte von Joao de Deus.* Norderstedt: Earth Oasis Verlag, 2004.

PROTIN, André. *Aikido.* Munique: Kösel Verlag, 1994.

RAND, William Lee. *Reiki. The healing touch. First and second degree manual.* (JRT & Hayashi Healing Guide Edition). Southfield, MI: Vision Publications, 2000.

RIEGER, dr. Berndt. *Traditionelle Europäische Medizin.* Munique: Herbig Verlag, 2005.

STAHL, Dieter. *Gesund und fit durch Reiki.* Zurique: Oesch Verlag, 2001 (CH).

TANIGUCHI, dr. Masaharu. *Leben aus dem Geiste.* Freiburg im Breisgau: Verlag Hermann Bauer, 1994.

TILMANN, dra. BARBARA G. e IDING, Doris. *Erkennen, was krank macht. Intuitiv den Weg der Heilung finden.* Munique: Kösel Verlag, 2003.

TOHEI, Koichi. *Das Ki-Buch.* Leimen: Werner Kristkeitz Verlag, 1989.

________. *Ki in täglichen Leben.* Leimen: Werner Kristkeitz Verlag, 1990.

WENIGER, Gerd-Christian. *Projekt Menschwerdung*. Heidelberg, Berlim: Spektrum Akademischer Verlag, 2003.

WIESENDANGER, dr. Harald (org). *Geistiges Heilen in der ärztlichen Praxis*. Schönbrunn: Lea Verlag, 2003.

________. *Das grosse Buch vom Geistigen Heilen*. Schönbrunn: Lea Verlag, 2000.

WILMANNS, Juliane C. e Schmitt, Günther. *Die Medizin und ihre Sprache*. Landsberg/Lech: Ecomed Verlagsgesellschaft, 2002.

Bem como:

Arzt und Patient im Spiegel der Weisheit . SKV-Edition, Lahr (Schwarzwald), 1994.

Das Handbuch der Zitate und Weisheiten.Verlagsunion Erich Pabel-Arthur Moewig, Rascatt, 1992.

Der menschliche Körper. Bechtermünz Verlag, Augsburg, 1997.

Encyclopaedia Anatomica. Museo La Specola Florence, Taschen, Colônia, 2001.

Für mehr Geist und Seele im Gesundheitswesen. Publicação do Dachverbandes Geistiges Heilen e.V. (DGH), Heidelberg, 2005.

Artigos

ABELING, Marion. "Reiki und Schulmedizin – zwei Welten begegnen sich", in *Reiki Magazin*, 4/2001, pp. 44-5.

BISCHOF, Marco. "Was ist Feinstofflichkeit?, in *KGS Berlim*, 2/2005, pp. 19-21.

BLANK, Ruth. "Reiki in der Pflege – ein Projektversuch", in *Reiki Magazin*, 3/2001, pp. 22-25.

BÖHME, Gernot. "Alternative Formen des Wissens im Bereich der Medizin", in Brock, F.-E (org.): *Handbuch der Naturheilkundlichen Medizin*. Ecomed Verlagsgesellschaft, Landsberg, 1998, 1-2.

BUENGNER, Peter von. "Fernheilung im Visier der Wissenschaft", in *CoMed* 11/03, p. 1.

________. "Kraft des Gebete doppelblind, randomisiert bestätigt", in *HPN/DFA* 3/05, pp. 58-9.

GERASCH, Verona. "Ärzte, Patienten, Heiler und die Sache mit der Eigenverantwortung", in *DGH-Info*, 3/2005, pp. 18-9.

GRUBER, Jutta. "Heilung in Zeiten integraler Kultur, in *KursKontakte*, 129, out./nov. 2003, pp. 18-9.

HARBOTT, Susanne. "Celler Lungenfachärzte arbeiten Hand in Hand mit Reiki-meister", in *Cellesche Zeitung*, 12/01/2006.

KAISER, Jens. "Reiki und Sport", in *Reiki Magazin*, 1/2003, pp. 13-5.

KINDLER, Jürgen. "Sieg vor dem Bundesverfassungsgericht", in *Reiki Magazin*, 3/2004, pp. 14-8.

KLATT, *Oliver.* "200 Jahre gesund werden – wenn Schulmedizin und Reiki sich begegnen", in *Reiki Magazin*, 4/2001, pp. 38-43.

________. "Reiki und Schulmedizin – ein integrativer Ansatz". Entrevista com Norbert Lindner, in *Reiki Magazin*, 3/2002, pp.13-5.

KOZIEL, Annett. Reiner Zufall – vom Hochleistungssport zum Reiki", in *Reiki Magazin*, 1/2004.

LIST, Gesine. "Krankheit, Vertrauen und Reiki, in *Reiki Magazin*, 3/2003, pp. 18-19.

MCDANIEL, Barbara. "Reiki und Schulmedizin – ein Interview mit Pamela Miles", in *Reiki Magazin*, 4/2003, pp. 22-23.

MILES, Pamela/TRUE, Gala: "Reiki – Review of a biofield therapy. History, theory, practice, and research", in *Alternative Therapies*, 9,2, pp.52-72.

PAPE, Stephan. "Reiki contra Skepsis – ein Referat an der Hamburger Uni" in *Reiki Magazin*, 3/2001, pp. 26-28.

REGLER, Sylvia-Manuela. "Reiki als begleitende Therapie im 'Qualifizierten Drogenentzug'", in *Reiki Magazin*, 4/2002, pp. 12-14.

________. "Eine Medizin der Zukunft", in *Reiki Magazin*, 2/2003, pp. 19-21.

RÖDER, Iris. "Reiki in der Krebstherapie", in *Reiki Magazin*, 1/2005, pp. 24-26.

________. "Klinikmodell mit Zukunft", in *Reiki Magazin*, 2/2005, pp. 18-19.

RÖTTCHER, Thomas. "Phänomen Fernheilung unter der Lupe", in *Reiki Magazin*, 4/2003, pp. 18-21.

SCHNEIDER, Wolf. "Wissenschaft/Hokuspokus", in *Connection Spirit*, fevereiro de 2006, p. 3.

TESSMANN, Gabriele. "Reiki als begleitende Therapie im 'Alkohol-Turbo-Entzug'", in *Reiki Magazin*, 4/2004, pp. 22-5.

THOR, dra. Susanne. "Brenda oder das Anders-Sein in der Medizin", in *Deutsches Ärzteblatt*, ano 101, caderno 19, 7 de maio de 2004, A 1348-49.

TREUGUT, Hendrik. "*Was ist Energetische und Informationsmedizin. Eine Standortbestimmung*, disponível para download no website da Deutschen Gesellschaft für Energetische und Informationsmedizin e.v. (DGEIM), www.dgeim.de / Stichwort: Publikationen.

WILLICH, Stefan N./ Girke, Matthias/ Hoppe, Jörg-Dietrich/ Kiene, Helmut/ Klitzsch, Wolfgang/ Matthiessen, Peter E./ Meister, Peter/ Ollenschläger, Günter/ Heimpel, Hermann: Schulmedizin und Komplementärmedizin. Verständnis und Zusammenarbeit müssen vertieft werden", in: *Deutsches Ärzteblatt*, ano 101, caderno 19, 7 de maio de 2004, A 1314-19.

Informações sobre os coautores

Prof. Fritz Wallner. Professor de filosofia e teoria da ciência na Universidade de Viena, desenvolveu um sistema alternativo de teoria científica, o assim chamado Realismo Construtivo(RC), que foi submetido a questionamento internacional em mais de 60 países. Há duas décadas faz pesquisas no âmbito da Medicina Tradicional Chinesa. Possui muitas publicações (com tradução em 14 línguas) e ministra palestras em congressos internacionais. É codiretor do Instituto para Medicina e Teoria da Ciência, na Universidade de Medicina Tradicional Chinesa da Universidade de Pequim.

Website: www.univie.ac.at/constructive-realism

Prof. Dr. Günter H. Gunia. Médico especialista em clínica geral, com abrangente formação em Medicina Tradicional Chinesa na China, foi diretor do Centro para MTC e Medicina Integrativa na St. Hedwig Kliniken, em Berlim, de 2001 a 2003, e fundador e diretor do Johanniter Ausbildungszentrum, em Bramsche, de 1997 a 2001. É professor honorário da Universidade de Potsdam; foi docente de MTC na Charité até 09/03 e na Universidade de Potsdam foi segundo presidente e diretor de recursos para pesquisa e ensino da ATCA até 2003.

Website: www.gunia-akupunktur.de

Jürgen Kindler. Editor da *Reiki Magazin*. Mestre de Reiki desde 1989, coorganizador do festival de Reiki de Gersfeld de 1994 a 1998 e membro de destaque da "The Reiki Alliance" de 1996 a 1998, é também consultor e treinador.

Website: www.reiki-magazin.de

Outros colaboradores

Moritz Harder. Psicólogo diplomado, 2º grau de Reiki, faz pesquisa sobre Reiki.

A monografia de Moritz Harder, em que está baseado o sétimo capítulo deste livro, pode ser obtida gratuitamente no seguinte endereço:

Moritz Harder, Sonnenhang 4, D-35094 Lahntal.

e-mail: Moritz-Harder @ web.de

Karfried Kessler. Mestre de Reiki, viveu 12 anos no Brasil e formou 2.500 pessoas nessa prática. Publicou livros no Brasil, em Portugal e na Espanha. Fundador da *Reiki Magazin* brasileira, a *Via Reiki*, e do programa social de Reiki. Desde 2004 trabalha como professor de Reiki na Alemanha. Iniciador do "Reiki social e.V."
Website: www.viareiki.net

Beate Hoffmann. Mestra de Reiki, professora de meditação, terapeuta de aura-soma. Membro da Fédération Francophone de Reiki Usui. Vive na França.
Website: www.aela.fr

Pamela Miles. Mestra de Reiki, autora de livro *Reiki: A comprehensive Guide,* (publicado pela Tarcher/Penguin, 2006). Vive nos EUA.
Website: www.ReikiInMedicine.org

Lynette Kirkman. Agente de cura Reiki e mestra, vive na Austrália. É membro de destaque do "Reiki Australia".
Website: www.reikiaustralia.com.au

Milly Cain. Mestra de Reiki, vive na Grã-Bretanha.

O projeto "Reiki e a Medicina Tradicional"

Oliver Klatt e Norbert Lindner têm o objetivo comum de aproximar os médicos e pacientes do Sistema Usui de Reiki. Para esse fim eles o transmitem em hospitais, consultórios médicos, instituições de idosos, asilos, academias de bem-estar, etc., que desejam integrar o Reiki na oferta terapêutica e a professores qualificados de Reiki e agentes de cura que querem exercer atividade correspondente. Para garantir a alta qualificação dos mestres e agentes de cura Reiki, são indicadas pessoas que ou sejam membros de uma das duas orientações tradicionais do Reiki ou que pertençam às instituições do Reiki alemão (Reiki Alliance Deutschland e Fördergemeinschaft Reikipraktizierender e.V.) ou os que são pessoalmente conhecidos por Oliver Klatt e Norbert Lindner como professores e agentes de cura Reiki experientes.

Mais informações sobre o projeto Reiki e a Medicina Tradicional e sobre a atividade de transmissão de Oliver Klatt e Norbert Lindner entre médicos, pacientes e professores de Reiki podem ser encontrados no website:

www.reiki-und-schulmedizin.de